LES ADIEUX

DE LA

FRANCE

A

SES DEUX FILLES

D'ALSACE-LORRAINE.

¡ ¡ ¡ ¡ ¡ ¡ ¡

PAR

ALEXANDRE PÉRIMON

Prix: 1.f 50.c

EN VENTE

Chez tous les Libraires.

(Reproduction interdite.)

Lith. Barousse, Cour du Comm.ce 10,12, Paris

LES ADIEUX

DE LA

FRANCE

A

SES DEUX FILLES

D'ALSACE-LORRAINE.

¡ ¡ ¡ ¡¡¡

PAR

ALEXANDRE PÉRIMON

Prix: 1.^f 50.^c

35, Rue de la Ferronnerie
et chez tous les Libraires.

(Reproduction interdite.)

Lith. Barousse, Cour du Comm^{ce} 10,12, Paris

LES ADIEUX DE LA FRANCE

A SES

DEUX PROVINCES D'ALSACE ET LORRAINE.

<hr>

LA FRANCE :

Ah! mes chères filles, combien mon cœur saigne de nouveau à la pensée que, d'ici peu de jours, vous ne ferez plus partie, hélas! de ma famille...

Mais je me console cependant en priant jour et nuit, dans l'espoir qu'un jour vous redeviendrez mes enfants bien-aimées; je ne cesserai, dis-je, d'intercéder pour cela ma sœur, qui va devenir votre nouvelle mère.

Ah! quelles choses terribles et implacables que les exigences et questions politiques...

Depuis des siècles, vous faisiez partie de ma famille chérie, et laissez-moi vous dire, mes bien regrettées filles, que jamais vous n'avez donné, ni à vos compagnes ni à moi, aucun motif de plainte, que vous avez toujours été bonnes et loyales sœurs, surtout industrieuses et laborieuses.

Ah! mes chères enfants, combien de larmes amères ne versons-nous pas, vos pauvres frères et moi, en songeant surtout que, dans les premiers jours d'octobre, vous allez entrer provisoirement, *du moins je l'espère,* sous le joug d'une nouvelle famille.

1

Nous prierons, moi et vos anciennes sœurs, que cette dernière vous traite amicalement ; mais n'allez pas du moins, oh ! grand Dieu, nous oublier, malgré toutes les félicités qu'elle pourrait vous accorder...

Nous espérons bien, vos sœurs et moi, que votre cœur restera Français quand même ; car il me paraît impossible, mes chères enfants, que vous soyez séparées à jamais de nous.

Oh non ! Dieu ne le permettrait ni ne le voudrait...

Non ! Dieu ne permettra pas, dis-je, que vos cœurs et les nôtres soient à jamais déchirés, par l'idée d'une séparation perpétuelle ; non, mes enfants, non ! il n'en sera pas ainsi... Les abominables exigences politiques, qui vous ont ravies à vos foyers et arrachées violemment des bras de vos frères et de vos sœurs ; ces dernières, je vous l'ai déjà dit, dans un temps peu éloigné se calmeront, se modifieront et deviendront pacifiques.

C'est pour cela, mes enfants, que j'espère que de nouvelles combinaisons politiques vous feront rentrer dans le giron de votre ancienne famille ; et cela sans commotions violentes, la raison seule du droit prévaudra.

Pour moi, ce bienheureux jour, j'en ai la conviction, votre nouvelle patrie permettra, par les raisons que je viens de vous dire plus haut que vous nous soyez rendues.

Ah ! que ce moment là sera beau pour nous tous, mes enfants...

Je vous invite donc à prier de votre côté, comme nous prierons du nôtre, que la Providence nous prépare sous peu l'aurore de ce jour tant désiré, et qui nous sera si cher à tous.

Je ne saurais trop vous recommander, mes chères filles, d'être convenables envers votre nouvelle famille,

afin d'engager cette dernière à vous accorder ses sym-
pathies, songez surtout que par la violence et par un
rêve de représailles nous n'arriverions à rien de bon...
au contraire, en agissant ainsi, nous ne parviendrions
qu'à compromettre notre sainte cause !

. . . . , .

La France, l'Allemagne et les deux malheureuses victimes
convoquées devant le tribunal de la Providence.

LA PROVIDENCE.

Allemagne ! je te fais comparaître devant moi, pour
te demander compte de la conduite que tu as eue, envers ta sœur, la France ?

Je n'ai pas besoin de te dire que je t'aime au même
titre que les autres nations.

Je vais donc te communiquer ma façon de penser, sur
toutes ces épouvantables catastrophes.

Pourquoi, dis-moi, t'es-tu ruée avec tant de passions
et de violences sur ta pauvre sœur, que tu savais être
dans l'impossibilité de te répondre ?

Tu aurais dû prévoir que tu déchirais mon cœur, en
agissant ainsi.

J'ai voulu à toi, comme à tes sœurs, te laisser ton libre
arbitre ; mais hélas ! tu as fait comme toutes les autres,
tu en as cruellement abusé.

Je ne veux plus, mon enfant, qu'il en soit ainsi à
l'avenir ; j'espère que tu voudras bien reconnaître et
réparer tes erreurs, si tu veux que nous, Divinité, te
continuions notre bienveillance.

Je consens à tirer un voile sur le passé, et je veux

même bien reconnaître, en ta faveur, des circonstances atténuantes.

En effet, je sais que ton étourdie de sœur, la France, t'a provoquée ; cette terrible et légère, mais bonne fille n'en fait jamais d'autres...

C'est donc là, ma chère enfant, les seules causes qui plaident en ta faveur !

Laisse-moi cependant aussi te dire que tu n'as point été étrangère à cette agression, que depuis longtemps tu la souhaitais, et que tu as cherché à produire cette collision, par des motifs qui vous étaient complétement étrangers l'une à l'autre, en voulant élever l'un de tes princes sur un trône qui n'était pas le tien.

Vous êtes donc coupables, mes deux chères enfants, au même titre, envers moi et envers vos peuples, et j'espère bien que vous voudrez vous entendre, à vous deux, pour remédier à ces épouvantables calamités, et guérir tous les maux dont vous êtes causes.

J'aurais compris que toi, Allemagne (et laisse-moi te dire que j'espérais même cela de ta part), que tu te sois fait rembourser tes frais de guerre, puisque tu as été la plus forte ; et que j'ai bien voulu accorder, jusqu'aujourd'hui, cette faculté à celles de vous qui devenaient victorieuses.

Tu sais que j'ai toujours regardé d'un très-mauvais œil celles d'entre vous qui, après être devenues vainqueurs, ont disposé des populations de leurs sœurs, sans le gré de ces peuples.

Je dois donc vous dire à toutes que je ne veux plus qu'il en soit ainsi à l'avenir...

Eh quoi ! Allemagne, tu as abusé de ta force numérique, pour t'adjoindre deux provinces contre le gré de ces dernières ; provinces, dis-je, qui pleurent toutes les larmes de leur corps. N'es-tu pas du reste témoin des regrets cuisants que ces chères enfants ont pour leurs sœurs?

Tu aurais, je crois, mieux fait, ma chère fille, de permettre que ces populations se prononcent pour ou contre cette annexion à ton territoire.

Eh quoi! toi qui étais si bonne autrefois et si compatissante, tu entends tous ces pleurs, gémissements et désespoirs, sans que ton cœur en soit touché.

Ah! permets-moi, ma chère égarée, de ne rien en croire; car cette feinte insouciance n'est que factice, et je sais que ton cœur souffre aussi de cette annexion forcée.

Oh oui! il y a des fois que tu dois te dire dans ta noble conscience:

Pourquoi donc contraindre ces pauvres enfants à abandonner leur mère qu'ils aiment tant et dont ils sont aimés?...

Vois leurs pleurs et leurs désespoirs à la pensée que, dans quelques jours, ils se croiront à jamais séparés de leur mère, de leurs frères et sœurs!

Laisse-moi espérer de toi que tu ne garderas ces populations que le temps strictement nécessaire, pour satisfaire ton amour-propre de conquérante, et que, dans un temps peu éloigné, ton cœur éprouvera une certaine satisfaction à rendre ces malheureux enfants à leur famille.

Tu vois, ma bonne Allemagne, que les enfants ont quitté leur père, pour ne point se séparer de leur Patrie.

Eh bien! ce sublime dévouement ne te touche-t-il point le cœur? Cela ne te dit-il pas enfin que tu ne dois disposer de ces provinces sans leur gré?

Sois donc assez charitable, ma fille, pour traiter ces pauvres victimes des exigences politiques avec aménité.

Laisse-les enfin jouir paisiblement de leurs anciennes

institutions, en attendant le moment qui sera jugé con-
venable où tu devras les rendre à ta sœur.

Promets-moi de n'exercer aucune tyrannie ni abus de
pouvoirs sur ces malheureuses populations?... Tâche enfin, mon amie, que ces mêmes populations, dis-je, te re-
grettent autant, le jour que tu les rendras à leur mère,
que ces dernières pleurent amèrement la France et leurs
frères aujourd'hui !

Tu vois, Allemagne, que ces nobles sentiments, au lieu
de te blesser, doivent plaider en leur faveur ?

Tu sais bien que, à part les affreux fléaux de guerres,
les fils de la France n'ont jamais été méchants pour les
tiens ? Tu sais, dis-je, qu'ils ont toujours trouvé une hospitalité cordiale parmi eux ; et ils ont été protégés par les
lois, à l'égal des enfants de ta sœur.

En effet, Allemagne ! le lendemain même des hostilités, les sujets ne sont-ils pas revenus en France repren-
dre leurs habitudes, et y poursuivre leurs intérêts ?

Ces chers enfants ne sont-ils donc pas déjà frères les
uns et les autres ; et pourquoi veux-tu de nouveau les
rendre ennemis, en contraignant brusquement le père
et la mère de famille à se séparer de leurs enfants ?

Je t'engage, ma chère Allemagne, avec instances, à
réfléchir à la situation que tu dois faire aux deux provinces annexées à ton territoire.

Pénètre-toi bien surtout que cette annexion ne doit
être que provisoire, et que tu t'en ferais des ennemis
formidables, si tu voulais agir sur elles à l'aide d'abus
de pouvoirs et de partialités ; car, vois-tu, ma chère
enfant, les populations n'ont pas eu beaucoup plus à
gagner, que celles de ta pauvre sœur, à cette affreuse
guerre fratricide.

Tu as eu aussi, toi, à additionner des hécatombes innombrables; et maintenant, que le calme est rétabli, ton œil impartial doit s'apercevoir de ces immenses cala-mités. — Tu dois t'écrier :

Oh mon Dieu ! que nous avons été coupables de nous livrer à de pareils débordements...

Tes nuits et tes songes doivent en être assurément troublés.

Tu dois t'apercevoir, Allemagne, que ce ne sont ni les milliards que ta sœur t'a donnés, ni l'annexion de ses deux provinces, qui combleront les innombrables fossés de douleurs et de misères, qui se sont creusés à la suite de cette épouvantable guerre.

Combien, toi aussi, n'as-tu pas de veuves et d'orphe-lins à enregistrer, et de membres mutilés à remplacer ?

Ah ! oui, dis-je, tu dois t'écrier dans les profondeurs de ta conscience :

Quelle affreuse chose que le fléau de la guerre !

Dis-moi encore que tu désires ardemment, ma chère enfant, que ces cataclysmes ne se renouvellent plus ; car je crois que tu aurais tout à y perdre, dans les con-ditions où tu te trouves aujourd'hui. Songe surtout qu'il n'y a rien de plus fragile que les grandeurs.

C'est te dire, ma fille, de ne point t'en enorgueillir, ni par trop t'endormir sur tes succès.

Souviens-toi de l'orgueil des anciens Romains ; sou-viens-toi aussi de ceux de la Grèce et de la Perse?

Eh mon Dieu ! Pourquoi aller si loin, pour te montrer un exemple, puisque tu as sous les yeux celui de ta sœur, que tu viens de dévaster.

Ne te souviens-tu pas de la grandeur de cette dernière, il n'y a que quelques années à peine ?

N'as-tu pas vu ta sœur et le premier de ses citoyens louangés par toutes les autres nations et par toi ?

N'as-tu pas vu ce dernier, dis-je, obtenir près de huit millions de voix ?... Celui qui t'aurait dit, il y a cinq ans, que ce dernier serait aujourd'hui en exil, tu te serais refusée à le croire ; et cependant tu sais si cela existe, ma fille ?

Permets que je te donne un conseil amical :

N'abuse pas, par un sot orgueil, des grandeurs que j'ai bien voulu que l'on t'octroye. Songe que si je te les ai accordées hier, je puis te les retirer demain.

C'est donc pour cela, mon enfant, que les temps sont venus où il ne faut plus user de violences, puisque tu sais parfaitement que chacune de vous est, à tour de rôle, victime de ces abominables haines et catastrophes.

C'est pourquoi, dis-je, que je viens te conseiller et t'engager aujourd'hui de faire fondre, non-seulement tous ces abominables canons ou instruments de destructions, que tu as emportés de France; mais aussi tes krupp, pour en faire des outils de travail, afin de coopérer au bien-être de tes peuples, au lieu de songer à en refondre de nouveaux, pour parer à la revanche que tu prévois...

Je conseillerai aussi à toutes tes sœurs d'en faire de même, afin que vous oubliez à jamais les inimitiés qui ont existé entre vous.

Ne va surtout pas prendre mes avis en mauvaise part; car je t'assure que je te les donne en toute affection et dans le ferme espoir que tu voudras bien les suivre... Et si, par malheur pour toi, tu en agissais autrement, tu assumerais sur ton peuple et sur toi des calamités incalculables.

Mais j'aime à croire, et j'espère que ta haute raison, et l'intérêt de tes enfants et les tiens, feront que tu voudras bien suivre les sincères conseils d'amitié que je viens de te donner. Maintenant, ma chère enfant, je te permets de me présenter ta défense, et les raisons qui t'ont fait agir de la sorte !

*
* *

L'ALLEMAGNE.

O ! sublime et chère Providence, je vous prie de nous pardonner toutes les erreurs que nous avons pu, mon peuple et moi, commettre.

Ah ! combien nous vous remercions, sainte Divinité, de vouloir bien nous admettre au bénéfice des circonstances atténuantes !

Permettez-moi donc, ô céleste Providence ! de vous présenter ma défense et celle de mon peuple.

Oui hélas ! je reconnais amèrement que je me suis laissé entraîner trop loin, que j'ai fait taire les élans généreux de mon cœur, pour n'obéir qu'à une funeste passion de vengeance.

Oui ! je reconnais, dis-je, ô sainte Mère ! que c'eût été plus digne de ma part d'oublier à jamais ces représailles, de laisser enfin le passé enseveli dans les profondeurs des entrailles de la terre ; mais hélas ! l'ambition de mes enfants et la mienne propre ne nous ont pas permis de suivre cette louable et sublime voie.

Ah ! combien nous nous repentons aujourd'hui de nous être laissé entraîner dans une aussi fatale route...

Oh oui ! divine Bonté, vous avez mille fois raison de dire que les bénéfices et les avantages que nous retirons, de ces abominables catastrophes, ne sont pas en rapport avec les calamités que l'hydre de la guerre entraîne après elle.

Oui, je le répète tout haut, je confesse humblement

que mes peuples ne sont pas plus heureux qu'ils ne l'étaient la veille de la bataille ; et que les milliards qui m'ont été donnés par ma sœur, ne pourront jamais parvenir à combler le déficit que cette affreuse guerre a nécessité, tant dans mes finances que par le désordre et les calamités apportés dans mon peuple.

J'ai gagné, il est vrai, la couronne de fer et un titre; mais hélas ! que sont donc ces chétifs avantages, à côté de tant d'épouvantables désastres et douleurs?

O vous ! divine Mère, vous connaissez mieux que personne la fragilité de ces avantages...

Oui, je le répète encore, il eût été plus digne pour moi d'oublier le passé, puisque 1815 avait rétabli l'équilibre européen, en rendant aux nations les populations qui avaient été illicitement séparées de leur Mère-Patrie.

Oui hélas ! ce que je trouvais abominable et inique à cette époque, je le fais aujourd'hui moi-même.

Ah ! je le reconnais, ô magnanime Providence ! que je me suis engagée dans une route fausse et pernicieuse.

En effet, n'aurai-je pas à craindre aussi des représailles, soucis et inquiétudes qui empoisonneront peut-être le reste de mes jours? Représailles, dis-je, qui, si elles avaient lieu, entraîneraient infailliblement la ruine et peut-être la destruction de mon peuple, tant il est vrai l'on s'acharne dans les vengeances que l'on exerce, contre ses anciens ennemis.

C'est pour cela, ô céleste Mère ! que désormais je vais m'appliquer à bien réfléchir sur ma conduite du passé et celle à venir.

Je vous promets, en outre, ô Providence sacrée ! de ne point commettre d'exactions ni abus de pouvoirs, de quelque nature que ces derniers soient, sur les nouvelles populations que vous voulez bien confier à ma garde pendant quelque temps.

Oui ! sublime Divinité, je reconnais que, si ces sujets passent sous mon autorité, c'est parce que vous daignez le permettre vous-même, pour vous rendre compte de la manière dont je m'acquitterai de ce devoir sacré.

Eh bien ! Sainte Mère, je vous promets, dès à présent, que je sortirai victorieuse et avec honneur des épreuves auxquelles vous voulez bien me soumettre.

Oui ! je m'engage, à un moment donné, de rendre ces chers enfants à leur mère-patrie. J'attends de vous, ô grande et magnanime Providence ! ce divin conseil, sachant bien que, s'il vous plaît de me le donner, il ne sera que dans l'intérêt de tous.

Je vous promets aussi, ô divine Mère ! au nom de mon peuple, de tirer un voile sur les haines du passé, entre ma malheureuse sœur et moi, que je confesse avoir si maltraitée.

Ah ! indignes vengeances et représailles !... indignes vengeances, oh oui ! qui soumeez les nations et les peuples à de si rudes épreuves.

Ah ! vous verrez par là que l'ancienne bonté et sagesse de l'Allemagne, que vous avez citées plus haut, resteront encore dignes de votre sainte et sublime mère ! ! !

*
* *

LA PROVIDENCE :

Je n'en attendais pas moins de toi, ma chère enfant ; la promesse que tu viens de me faire me console et me rassure sur ton avenir prochain.

. . . .

LA PROVIDENCE A LA FRANCE :

Approche, France ! approche... — Tu as entendu la conversation de ta sœur ; tu vois qu'elle n'est pas dépourvue de tout fondement, et que les griefs, que tu sembles avoir aujourd'hui contre elle, ne sont admissibles que jusqu'à un certain point.

Tu ne peux pas nier que, de ton côté, tu as fait tout pour entrer en guerre avec ta sœur ?

Si cependant tu t'étais donné la peine de bien réfléchir, tu aurais méprisé les mesquines causes, qui t'ont été offertes, pour te provoquer ; mais non ! au lieu de cela, ta légère tête te conseilla mal ; ton ancien prestige, sur lequel tu comptais tant, t'induisit aussi en erreur.

Tu aurais dû songer, malheureuse enfant, que tu allais exposer toute ta famille à des représailles, qui n'étaient pas sans quelque fondement.

Tu as donc marché, tête baissée, de légèretés en légèretés.

Hélas ! tu expies aujourd'hui bien cruellement toutes ces erreurs et fautes. Tu ne dois plus songer qu'à une seule chose maintenant, c'est de réparer dignement tous tes désastres, et de cautériser les plaies, encore saignantes et vives, de tes pauvres enfants.

Vois ! ma fille, les angoisses cuisantes de ceux que tu as mis dans l'horrible nécessité de te quitter aujourd'hui, par la légèreté de ta conduite...

Oh oui ! France, promets-moi ici, devant ta sœur, que tu ne combineras plus aucune vengeance contre elle, surtout maintenant que les fautes du commencement de ce siècle ont été payées ?

Je crois donc juste, dis-je, de vous mettre aujourd'hui

dos-à-dos, mes deux chères enfants, et je ne veux pas que vous recommenciez de nouveau ces horribles guerres de carnage qui déshonorent ma création.

Je dois reconnaître, ma bien aimée fille, que tu as été la première agressive depuis le commencement de ce siècle.

En effet, tes armées ne se sont pas seulement promenées sur le territoire de ta compagne, qui est ici présente, mais aussi sur celui de toutes tes autres sœurs.

N'as-tu pas encore, toi, illégalement soumis ces populations à ton joug, que tu as gardées sous ta puissance, malgré ces dernières, pendant plusieurs années ?

Il est donc de toute justice, mes enfants, que les représailles entre vous soient terminées ; car vous avez commis l'une et l'autre de grandes iniquités, au détriment de vos populations.

Je vous le demande, en vérité, sont-ils causes, ces malheureux peuples, de vos querelles personnelles, ou de vos intrigues politiques, comme vous voulez bien les appeler?

Que vous demandent donc vos enfants chaque jour? — La paix, le bonheur, la tranquillité et la prospérité...

N'oubliez pas qu'ils ont le droit de compter sur vous, pour leur octroyer toutes ces faveurs, puisque je vous charge de choisir, parmi eux, les plus capables et les plus éclairés pour les représenter auprès de vous.

Oh oui ! je vous engage à tirer un voile sur les haines et inimitiés du passé. Redevenez bonnes sœurs ; car je le souhaite.

Amies vous deviendrez fortes, ou si vous restez ennemies vous vous annulerez!

Engagez donc toutes les deux, vos peuples à oublier le passé et à se tendre la main comme de vrais frères.

A ces conditions seules, je consentirai à vous pardon-

ner vos erreurs et iniquités ; et toi, France! avant de prendre cet engagement, fais-moi aussi connaître les motifs qui t'ont poussée, à plusieurs reprises, à te ruer sur ta sœur antérieurement ; car je te l'ai dit, les plaintes que cette dernière a formulées contre toi, ne sont point sans fondement... et ces dernières causes contribuent pour beaucoup à ce que je lui accorde des circonstances atténuantes.

Parle donc, je t'écoute.

* * *

LA FRANCE :

Eh bien! oui... chère et sainte Providence, je m'expliquerai aussi loyalement que possible.

..... Il est arrivé plusieurs fois qu'avant 89, ma sœur et moi avons éprouvé des difficultés ensemble ; mais laissons ces temps reculés, que l'histoire a jugés, pour ne nous occuper que du présent.

De 90 à 92, par exemple, ma sœur d'Allemagne a voulu intervenir dans mes affaires ; mes enfants n'étant point disposés à supporter ces projets d'intervention, qui avaient pour but de faire remonter sur le trône un souverain du système absolu, système que mes sujets avaient alors condamné ; de là naquirent les rivalités et les quelques inimitiés entre nous.

Mes enfants ayant voulu se donner une ère nouvelle, cette ère, dis-je, qui devait amener tant de calamités à cette époque, mais aussi de grands bienfaits par la suite, effraya tout-à-coup mes autres sœurs de l'Europe et je dirai même du monde entier.

Par ce désir, cependant si naturel, de reconquérir

leurs droits, mes enfants nous attirèrent, à eux et à moi, de grandes inimitiés.

Il est vrai de dire, magnanime Providence, que cette nouvelle émancipation de mon peuple portait une grave perturbation, parmi ceux de mes sœurs.

L'Europe dut donc rapidement s'enflammer, à l'idée d'anéantir à jamais ce pouvoir personnel et héréditaire, qui était une hideuse plaie permanente pour nos malheureux sujets.

Je dois cependant vous dire, ô divine Mère ! ainsi qu'à vous, ma bonne sœur, que la personnalité des hommes n'était pour rien dans cet ordre de choses, que toutes ces calamités n'étaient dues qu'à l'ancien régime féodal, dont l'influence a eu de si déplorables effets, pendant de longs siècles, sur mon peuple.

J'étais, moi, à cette époque, impuissante à réprimer toutes ces iniquités, puisque, pour un oui ou pour un non, ou au gré des passions, des intérêts et des intrigues j'étais démembrée.

Ah ! j'ai bien souffert aussi, chère et divine Mère ; si j'ai eu quelques triomphes, je les ai payés bien cruellement.

Oh mon Dieu ! que mes pauvres enfants ont souffert aussi !

C'est au nom de toutes ces douleurs, ô magnanime Providence ! que je réclame de votre divine bonté des circonstances atténuantes.

Dernièrement encore, hélas ! mon cœur de mère n'a-t il pas été de nouveau torturé, comme jamais aucun de ceux de mes sœurs ne l'a été ?

. . . . , ... , .

A ce moment l'Allemagne tend la main à la France : les deux sœurs pleurent toutes les deux ! ! !

Les deux pauvres Provinces, assises dans un coin de ce Tribunal, se mettent aussi à sanglotter tout haut....

La Providence attire ses deux filles vers elle, les serre sur son cœur en leur disant :

Paix à vous deux, mes chers enfants ; souvenez-vous que, si vous vous aimez désormais et que vous me promettiez d'être bonnes pour vos peuples, je serai avec vous, et je me fais fort aussi de vous amener la sympathie et la paix avec toutes vos autres sœurs.

Voyez! mes bien-aimées, là-bas dans ce coin, vos pauvres enfants qui gémissent ; et votre cœur maternel ne se déchire pas à leur vue?

. — Les deux sœurs dirent en même temps:

Oh si ! divine Mère, leurs trop légitimes sanglots nous navrent de douleurs...

La Providence s'adressant à l'Allemagne :

Eh bien ! ma chère conquérante, en présence de si grandes souffrances, ton cœur de mère ne t'inspire-t-il pas qu'il faut dessécher ces pleurs et tarir ces affreuses douleurs ?

Veux-tu, mon enfant, que je te dise ce que je ferais si je m'appelais Allemagne ?

CETTE DERNIÈRE.

Oh ! oui, bonne Mère, je vous écoute.

— Eh bien, si j'étais à ta place, j'irais me jeter dans les bras de ta sœur ; je la prendrais par la main, et je me dirigerais vers le couple qui, là-bas, verse des larmes de désespoir....

Je leur dirais :

Espérez, mes enfants; j'espère que votre captivité n'est que provisoire, et que bientôt ma sœur, d'accord avec moi et guidées par la justice et la Providence, nous la ferons cesser.

La France embrassa de nouveau sa sœur, pour la remercier de ses sublimes paroles; elle s'approche, la pauvre mère, de ses enfants; elle les embrasse avec affection, en leur disant :

Ayons confiance aux paroles de ma sœur; elle nous les donne trop loyalement, pour qu'elle songe un instant à nous ôter cette espérance.

L'Allemagne :

Oh non! Dieu m'en est témoin, que je n'aurai pas la cruauté de vous retirer ma parole d'honneur.

La France prend les habitants des deux provinces par la main, et les présente à sa sœur d'Allemagne, en lui disant :

Oh! ma bonne sœur, promets-moi solennellement, devant notre divine Providence, d'avoir soin de mes enfants comme des tiens propres; car, vois-tu, ils sont si bons et dévoués qu'ils méritent, à tous égards, ton affection toute particulière.

Empêche, ô mon amie! que tes sujets ne leur fassent des misères; elles sont déjà bien assez malheureuses, les pauvres créatures, d'avoir à se séparer en ce jour de leurs frères et de leur mère qu'ils aiment tant.

*
* *

LA FRANCE AUX HABITANTS DE CES DEUX PROVINCES.

N'est-ce pas, mes enfants, que vous me promettez aussi, à votre tour, de récompenser la bienveillance, que ma sœur et ses sujets auront pour vous, en bons et loyaux procédés.

Tâchez, mes chers et regrettés amis, d'inspirer autant
de regrets, à vos nouveaux frères et à votre nouvelle
mère, lorsque vous reviendrez parmi nous, que ceux que
vos bons frères et moi éprouvent de vous quitter aujour-
d'hui !

. . . .

LES ENFANTS :

Nous le jurons, ô bonne et sublime patrie ! puisque
notre sacrifice de ce jour doit assurer le bonheur de nos
frères et le vôtre.

Oh oui ! soyez sans aucune inquiétude, nous vous
promettons solennellement qu'aucun embarras ou objet
de compromissions quelconques, qui pourraient amener
une collision entre nos deux mères, n'auront lieu de
notre part et ne pourront être allégués contre nous...

— Les malheureux habitants, des deux provinces
désolées, dirent tous en même temps, en s'adressant à
leur ancienne et nouvelle mère :

N'est-ce pas, mes chères patries, que vous nous ren-
drez nos fils et nos filles, qui ont déserté le toit paternel,
afin de ne pas augmenter les douleurs cuisantes à leurs
pauvres parents?

. . . . . Un vieillard de soixante-quinze ans au moins,
tenant humblement son bonnet à la main, s'approche en
pleurant, accompagné de sa femme, auprès de ces deux
dernières ; cet homme courbé par l'âge se lamente en
disant :

Moi, mes bonnes mères, de sept enfants que j'avais il
ne m'en reste plus... mes quatre fils ont opté pour notre
ancienne patrie, mes trois filles ont suivi cet exemple de
noble patriotisme ; quant à ma femme et moi, nous res-

tons donc seuls aujourd'hui , ne pouvant faire fructifier nos champs, à cause de notre grand âge...

Ah! c'est épouvantable, mes chères mères, d'avoir élevé sept enfants, et arriver à l'âge de soixante-quinze ans, ne plus en avoir pour guider et soutenir notre vieillesse; et cela à cause du fléau de la guerre. Ah! c'est affreux...

Mais maintenant que nous avons la persuasion que nous reviendrons à notre ancienne famille, oh! nous ne nous plaindrons plus ; nous attendrons avec espoir et patience ce jour tant désiré.

*
* *

Au même instant, un tumulte assez considérable se fait entendre du dehors. Plusieurs personnes des deux sexes font irruption dans la salle.

Ces nouveaux arrivés étaient encore jeunes.

Plusieurs femmes tenaient des enfants dans leurs bras; tous ces derniers avaient les yeux rouges à force d'avoir pleuré.

Elles venaient, les malheureuses victimes des exigences politiques, faire leurs adieux à leurs parents.

Un petit garçon, d'environ dix ans, va se jeter dans les bras du vieillard en pleurant; ce dernier était son grand'père. — Il lui dit :

Oh bon papa! Nous partons ce soir, viens avec nous; nous ne voulons pas que vous restiez ici seul, puisque nous ne sommes plus chez nous?

L'ALLEMAGNE :

Si, mon enfant, ton grand'père est encore chez lui, ainsi que ton papa, s'ils veulent y rester...

A quoi bon verser tant de larmes et vous causer de si cuisantes douleurs, puisque je dois vous rendre dans un temps peu éloigné à votre bonne famille?

Le père de l'enfant répond : Hélas ! il nous est impossible de croire à tant de bonheur; oh ! si vous dites vrai, chère Allemagne, nous vous bénirons tous au lieu de vous maudire, et nous apprendrons à nos enfants à prier dans l'intérêt de votre prospérité.

Toutes ces populations restèrent extasiées en présence de l'entente, qui avait l'air si cordial, entre les deux sœurs ; ils se disaient :

Oh mon Dieu ! espérons que ce bon accord nous ramènera parmi nos frères tant regrettés.

Plusieurs jeunes gens dirent :

Oh oui ! mes bons parents, consolez-vous, nous ne serons pas longtemps absents, et puis nous reviendrons souvent vous voir ; nous pensons bien que quoique nous ayons opté pour notre ancienne Patrie, l'Allemagne, qui devient aujourd'hui votre mère, ne nous empêchera pas de venir vous rendre visite et de vous aider au besoin?

CETTE DERNIÈRE :

Certain emt, mes amis, je vous permettrai tout ce que vous voudrez. surtout si vous êtes convenables envers moi et les miens !

La Lorraine dit :

Oh mon Dieu ! que nous allons être malheureux, puisqu'enfin personne ne connaît cette langue, dans la bonne ville de Metz et dans la plus grande partie des campagnes.

— Les jeunes gens reprirent :

Nous espérons bien, ma chère et bonne Allemagne,

que vous laisserez nos familles parler français, comme par le passé, puisque, dites-vous, nous ne devons pas vous rester?

Oh! nous vous en supplions, laissez-leur exercer librement la religion de leur père, sans trouble ni contrainte pour notre clergé?

Promettez-nous aussi, ô bonne Allemagne! de respecter les habitudes, coutumes et institutions de nos villes ou localités, quelles qu'elles soient.

* *
*

LA PROVIDENCE :

Tu as raison, mon enfant, j'engage ma fille à respecter les pratiques de votre culte, puisque en définitif il est le même que celui réformé.

En effet, quelles sont donc les différentes nuances de ces deux Eglises?

Approchez, mes filles, ainsi que vos enfants, je vais vous les faire connaître une fois pour toutes, et cela pour que vous n'ayez plus jamais de querelles à cet égard.

Je dois même vous dire que les simples comparaisons, que je vais vous donner, résumeront suffisamment vos deux Eglises.

Je vais d'abord commencer à vous citer la pomme. La religion réformée me représente donc cette dernière.

Les enfants de ce culte mangent, pour moi, ce fruit sans être peluré, au lieu que ceux du catholicisme romain la pelurent avant de l'absorber.

Néanmoins, ce fruit, dis-je, est mangé par les deux partis.

Eh bien! je vous le demande, mes enfants, la saveur de ce dernier n'a-t-elle pas été la même et aussi succulente pour l'un que pour l'autre ? — Ses bienfaits régénérateurs ont été les mêmes pour tous les deux.

Donc, en vous saisissant de ce fruit vous aviez parfaitement connaissance que c'était une pomme que vous alliez manger, et que, pelurée ou non, ses résultats devaient en être les mêmes pour vous afin de satisfaire votre désir d'appétit ou de gourmandise.

Passons maintenant à la pomme de terre.

Les uns, par exemple, l'aiment simplement cuite à l'eau ou en robe de chambre, si vous aimez mieux ; votre sœur d'Angleterre, entre autres ; les autres, dis-je, cuites dans la cendre ; les troisièmes ne la mangent qu'en sauce blanche ou autres ; les quatrièmes la désirent frite ; les cinquièmes la préfèrent cuite avec une viande quelconque, et les sixièmes, enfin, ne l'aiment qu'avec du beurre et du fromage.

Eh bien ! mes enfants, pour cette dernière, la comparaison en est très-simple, relativement au culte ; car ce tubercule est l'un des plus mystérieux que nous ayons. Il porte en lui son germe de reproduction, sans cependant que ce signe soit compacte, comme un pépin ou un noyau.

Par exemple, il n'a pour indiquer le signe de sa génération, que des petites cavités formées autour de lui ; ces trous sont destinés, à un moment donné, à permettre à la sève régénératrice de se produire. Mais, que l'on coupe ce tubercule dans tous les sens, lorsqu'on vient de le retirer de terre, l'on ne trouvera aucun symptôme reproducteur compact.

Cependant, ce simple légume n'est autre qu'un arbre qui, à un moment donné, jette sa sève régénératrice.

Une quantité innombrable de fibres traversent le corps de ce dernier, ses veines n'ont aucun goût particulier ;

elles n'altèrent en rien la valeur et la saveur de ce bienfaisant tubercule.

Cela doit vous expliquer suffisamment, mes enfants, que bien que ce légume soit tant soit peu mystérieux dans sa reproduction, ses effets bienfaisants et nutritifs, du moins, se reproduisent parmi vous, n'importe sous quelle préparation vous l'ayez mangé.

Eh bien ! il en est de même de tous les cultes, quoique les uns le pratiquent sous une forme, les autres sous une autre, les effets en sont pareils, c'est-à-dire généralement bons, quoiqu'ils soient cependant tous mystérieux.

Aucun de ces derniers n'enseigne ni n'ordonne le mal ; et s'il en résulte par fois de mauvaises interprétations, par tels ou tels individus, soit au profit de leurs ambitions intéressées ou tout autres, ces derniers faits, qui deviennent criminels au premier degré, n'émanent pas des cultes, mais bien des hommes.

Il ne faut pas oublier, mes enfants, que Dieu, votre Père, en vous créant, vous a octroyé un libre arbitre, et qu'il vous a, par conséquent, laissé la faculté de lui témoigner votre amour et votre reconnaissance, selon vos facultés intellectuelles, n'importe par quelles formes ou pratiques, dès l'instant que ces dernières ont pour but d'être bonnes, charitables, loyales et justes.

Il serait néanmoins préférable, mes amis, dans l'intérêt d'une bonne entente entre vous, que vous suiviez tous le même culte. Vous savez, mes enfants, que l'union fait la force ; mais, en attendant cet heureux jour, je vous engage à être bons, humains et charitables dans l'exercice de toutes vos pratiques religieuses, quelles qu'elles soient, ces dernières nous étant toutes agréables, lorsqu'elles nous sont adressées sincèrement et loyalement, n'importe quelle route vous preniez pour nous les exprimer.

Ces diverses pratiques, dis-je, mes chers enfants, ne doivent jamais vous faire oublier, un seul instant, que vous êtes tous frères en nous, et que les divergences de cultes ou d'opinions ne sont d'aucun poids dans nos miséricordes.

Sachez-le bien, ceux qui auront été bons pères, bons fils et bons frères, quel que soit le culte qu'ils aient suivi, ces derniers, dis-je, seront toujours bienvenus par nous, et nos grâces leur seront acquises.

C'est vous dire, mes enfants, que nous ne voulons plus que, désormais, vous vous déchiriez les uns et les autres pour des questions de cultes ; questions, dis-je, dans lesquelles vous ne craignez pas de commettre un sacrilége, en invoquant le nom de la Divinité, ou en vous entre-déchirant soi-disant pour la gloire de ce sublime nom.

Non ! je vous le répète, il ne faut plus que ces abominables crimes aient lieu, pas plus au nom de l'Eglise qu'à celui de la Synagogue, de la Mosquée ou de tout autres.

Et j'ai la conviction que, par la suite des temps, la plus sage, la plus juste et la meilleure de ces religions amènera à elle toutes les autres, sans aucun conflit ni meurtre.

Mais avant d'arriver à ce résultat sublime, mes enfants, je ne dois pas vous dissimuler que vous aurez encore beaucoup à faire, surtout sur les grandes qualités fraternelles, et probablement aussi d'innombrables abus devront être réformés, dans toutes vos pratiques religieuses, avant d'arriver à établir une sainte et divine religion universelle ; Église enfin qui devra être bonne et impartiale pour tous, devant être dépouillée de tous préjugés, de nationalités, de races et d'intrigues de partis quelconques.

Vous posséderez enfin, mes enfants, en ce jour sublime, la vraie religion du Créateur.

Ah ! que ce jour, dis-je, sera beau, lorsque les mêmes hymnes seront adressés à Dieu, par des milliards de voix à la fois ! ! !

. . . .

UN LORRAIN A UN ALSACIEN :

Frère ! Pouvions-nous encore espérer hier tant de bonheur? Oh oui ! mon ami, la terrible épreuve, qu'il a plu à Dieu de nous envoyer aujourd'hui, se changera en une félicité ineffable, le jour de notre retour à notre nation chérie, que nous avons tant aimée depuis plusieurs siècles et que nous chérissons encore tant?

L'ALSACIEN.

Oh oui ! mon cher frère, ce jour-là sera bien le plus beau qu'un homme puisse rêver.

Vous autres, mes amis, vous aurez plus à souffrir que nous ; car vous ne connaissez pas la langue de notre nouvelle patrie. Quant à nous, nous avons regretté depuis quelque temps, bien amèrement, de savoir cette langue. Nous aurions voulu, pour tout l'or du monde, ne connaître que le français ; mais ô fatalité ! la plupart de nos pères et mères ne parlent que la langue de notre Mère-Patrie... et cette circonstance a influencé beaucoup cette bonne Allemagne à demander notre annexion.

Elle voit bien aujourd'hui que, si nous parlons son langage, notre cœur de Français dément les expressions de notre bouche.

Oui! je le répète, si nul de nous n'avait connu la langue allemande, l'Allemagne n'eût nullement songé à nous annexer à elle.

C'est donc à nous tous, mes chers frères et sœurs, quoique nous soyons provisoirement sous le sceptre de la sœur de notre mère, nous ne devons pas un seul instant, dis-je, négliger ni nos enfants ni nous, de continuer à cultiver notre langue natale, malgré la préférence que beaucoup d'entre nous ont pour le langage allemand, qui est aussi pour eux leur langue-mère, puisqu'elle s'est perpétuée parmi nous depuis des siècles, bien que nous appartenions à la France.

Je ne saurais donc non plus trop engager nos chers frères de Lorraine à se résigner à leur triste sort, puisque cette position ne doit être que temporaire, c'est-à-dire d'un temps plus ou moins long; à moins cependant que nos frères décident le contraire, en cas que nos deux chères nations se décident, dis-je, à nous consulter sur l'option générale, afin de savoir si nous préférons nous adjoindre définitivement avec l'Allemagne, ou faire retour à la France...

LA FRANCE :

Oh! Dans ce dernier cas, mes enfants, je ne me permettrai jamais de contrebarrer vos sentiments; car, si vous deviez être plus heureux avec ma sœur, que de revenir vers moi, je ne vous en considérerais pas moins, et vous en aimerais tout autant :

LA PROVIDENCE *reprit* :

Ma fille, je ne suis pas de ton avis, la chose est impossible; si ce retour ne pouvait s'effectuer entre toi et ta sœur, par une bonne entente, je me verrais, dans ce dernier cas, forcée de m'en mêler, et il aurait lieu, lors même que vos deux opinions seraient opposées à ce résultat, parce que, je vous le dis en vérité, il faut qu'il en soit ainsi pour mes futurs projets.

Je vous ferai, du reste, connaître ma volonté un peu plus tard, mes chers enfants, relativement à la grande question de délimitations de vos sols respectifs, délimitations, dis-je, qui devront avoir lieu sans contrainte ni crise meurtrière quelconque.....

..... A ces dernières paroles, les habitants de l'Alsace-Lorraine se jetèrent aux genoux de la Providence, en l'invoquant et la bénissant ; ils s'écrièrent tous :

Oh oui ! sainte et bonne Divinité, cela doit être ainsi ; car le sang qui coule dans nos veines est pour toujours français ? Nulle génération ne pourra éteindre ni notre origine, ni celle de nos enfants...

Oui ! nous le jurons tous, devant vous, nous resterons Français quand même ; nous monterons sur la cathédrale de Strasbourg ou autres éminences, afin de ne pas perdre de vue les clochers de Nancy, de Belfort et autres lieux...

Oui, dis-je, nos cœurs iront se mirer et se retremper dans nos beaux drapeaux tricolores, qui flotteront sur les plus hautes éminences ou monuments du sol sacré de la Patrie !

Ces précieux drapeaux, je le répète, nous serviront de talismans et de phares de salut.

Cette sublime vue nous ranimera notre courage de chaque jour, et nous nous écrierons chaque fois :

Encore un jour de plus de passé !

Et puis nos anciens frères et nos enfants viendront nous voir, de temps en temps, dans notre captivité ; une

seule journée passée avec eux nous fera espérer pendant
un grand mois le retour de notre patrie chérie.

O France! vous ne pourrez peut-être jamais pénétrer
à fond l'étendue de l'amour filial que nous avons pour
vous.

Oh oui! si la nouvelle patrie qui nous a ambitionnés,
et à qui nous appartenons aujourd'hui, connaissait les
sentiments sacrés qui nous animent pour toi, oh non!
dis-je, ce ne serait pas dans quelque temps qu'elle con-
sentirait à nous rendre notre liberté, mais bien de
suite...

Ah! nous le jurons tous, à la face du Ciel, jamais
l'amour, que les enfants de l'Alsace-Lorraine portent
dans leur cœur, ne tarira pour toi.

Mais vous, Allemagne, n'en soyez pas jalouse, nous
vous en prions; car nous vous aimerons aussi comme
bonne sœur. Mais, cependant, notre Mère-Patrie avant
tout, puisqu'aujourd'hui vous voyez que nous avons
sacrifié l'affection paternelle et maternelle, pour ne point
nous séparer de nos frères et de notre patrie.

Ah! N'allez pas croire surtout, ma bonne Allemagne,
qu'un intérêt quelconque nous a guidés dans le parti
douloureux que nous avons pris; oh non! mille fois
non... Nous n'avons pas hésité un seul instant à renon-
cer à nos positions pécuniaires, ni aux autres avantages
d'affection, que nous trouvions auprès de nos parents.

C'est pour cela que nous vous prions de ne pas nous
en vouloir; car tous les sentiments que nous éprouvons
pour notre chère Patrie, sont tellement gravés dans
notre cœur, que nous croyons que nous ne pourrions
pas agir autrement, quand même notre ferme volonté le voudrait, puisque enfin vous voyez que beaucoup d'entre nous ont préféré la ruine et une adversité

volontaires, plutôt que de consentir à abdiquer notre nationalité.

Oh ! si vous pouviez, chère conquérante, vous rendre compte de la profondeur de ces sentiments ; oh non ! vous ne nous en voudriez plus de nos larmes et de vos désespoirs.

Ah ! combien nos pauvres parents sont à plaindre qui n'ont pu, comme nous opter pour notre bien aimée Patrie, surtout à cause de leur vieillesse et de leur position.

Combien, hélas ! de tonneaux de larmes de regrets ne verseront-ils pas, pour leur patrie absente, pendant le laps de temps que vous nous les garderez ?

Soyez magnanime, bonne Allemagne, pour tant de douleurs et de désespoirs, Dieu, et la Providence, vous en récompenseront dignement.

Songez surtout à vos enfants, lorsque nos frères vous les ont ravis jadis ; songez, dis-je, à la joie que ces derniers ont éprouvée, ainsi que vous, lorsque nous vous les avons rendus. Ce jour a été certainement le plus beau de leur vie.

Interrogez-les, du reste ; ils vous le diront, je n'en doute pas ; et si nous avons maltraité vos enfants, lorsqu'ils étaient parmi nous, soyez alors plus généreuse que nous l'avons été pour vous, en nous rendant le bien pour le mal. Mal qui n'a jamais dû certes émaner de nos frères.

Vous savez bien, chère Allemagne, que l'enfant de France n'est pas méchant ; il n'est que léger, mais bon.

Vous devez le connaître aussi pour ne pas savoir haïr, et qu'il pardonne facilement aux insultes qu'on lui fait.

C'est pour vous dire que, si nous vous avons fait beaucoup de misères, ces dernières n'ont été produites que par les exigences politiques et non individuelles. Il est certain que les peuples n'ont pas intérêt à s'entre-détruire, mais bien celui de s'aimer les uns et les autres.

C'est donc à votre tour maintenant, ma chère Allemagne, d'être généreuse et juste envers nous ; en effet, votre partie n'est-elle pas jouée ? et le droit de revanche ne nous revient-il pas exclusivement ?... Nul ne pourra nous le contester.

C'est pour cela que vous avez tout intérêt à vous entendre avec notre Mère-Patrie, pour que de pareilles calamités ne surgissent plus entre vous ; si elles devaient avoir lieu, la pensée d'une semblable catastrophe fait frémir d'horreur, en songeant aux conséquences d'une pareille reprise d'hostilités, entre vous et nous, qui deviendrait cette fois une guerre d'extermination, pour l'une ou l'autre des deux nations, ou peut-être même pour toutes les deux.

. . . .

O chère et divine Providence ! Nous vous en supplions tous, à genoux, de réconcilier à jamais vos deux filles qui, unies, devront contribuer à faire le bonheur de l'humanité, et, si elles restaient ennemies, elles entraîneraient après elles d'incalculables désastres.

Ah oui ! triplement fous ceux qui rêvent une revanche ; ces pauvres cerveaux malades ne savent ce qu'ils pensent... ; car, si nous la prenions aujourd'hui, demain, ce serait aussi votre tour, et, une fois engagées dans une pareille voie, adieu pour toujours le bonheur de nos deux peuples.

C'est pour cela, ô magnanime Providence ? que, à genoux, nous vous supplions d'inspirer, à vos deux filles et à leurs sujets, des sentiments d'une inaltérable affection, puisqu'il est vrai que nous ne pouvons presque pas vivre l'une sans l'autre.

Et alors, vous verrez renaître le bonheur parmi toutes ces malheureuses populations, qui ont été si terriblement éprouvées dans cet épouvantable dernier choc ; choc qui n'a été créé que par une foule de mal entendus insignifiants, et qui sont cependant devenus désastreux de part et d'autre.

Et vous verrez que vous, gouvernants ou souverains, quels que vous soyez, renaître le calme et la sécurité dans vos somptueux palais, vous ne serez plus en but à ces affreuses inquiétudes de chaque jour, redoutant un coup de main ou une révolte, qui pourraient vous forcer à quitter vos trônes et vos pouvoirs...

Oui ! dis-je, vous dormirez plus tranquilles, vos peuples étant heureux et vivant en bonne intelligence avec leurs voisins ; ils ne penseront plus alors à se révolter contre vos pouvoirs, surtout lorsqu'ils s'apercevront que vous appliquez une partie de votre temps à leur bien-être !...

**
*

LA FRANCE :

Eh bien ! ma chère sœur, que dites-vous des sentiments élevés de nos enfants ; n'ont-ils pas mille fois raison de nous tenir un pareil langage ?

Il n'est hélas ! malheureusement que trop vrai, que souvent nous les entraînons, pour de mesquines rancunes, dans des dédales effroyables ; dédales qui ne nous attirent que la haine et le mépris de nos sujets.

Nous pourrions cependant les rendre si heureux, surtout si nous nous sentions la ferme volonté de le vou-

loir; car notre chère mère, la Providence, ne nous oc-
troie-t-elle pas tout pour arriver à ce but?

Mais hélas! je reconnais que, la plupart du temps,
ceux de nos fils que nous mettons à leur tête abusent
singulièrement de notre confiance.

C'est pour cela, ma chère Allemagne, que nous au-
rons à nous concerter avec notre divine mère, la Providence, pour qu'il n'en soit plus ainsi.

Oh oui! désormais nos seules préoccupations ne doivent être appliquées qu'à faire le bonheur de nos peuples par tous les moyens possibles. Et, pour atteindre ce
but sacré, il faut d'abord nous appliquer à ramener
parmi eux la concorde la plus parfaite; et vous verrez
renaître le courage et l'énergie dans tous les cœurs de
nos sujets.

*
* *

Dans les commencements de ce siècle, mon peuple
voulut se venger de la part d'intervention, que ma sœur
d'Allemagne avait voulu prendre, afin d'étouffer la nouvelle ère, qu'il avait plu à mes sujets de se donner.

Un général capable, mais ambitieux, entretint cette
fermentation dans leur tête pendant une période de dix
à douze ans.

Je fus encore là impuissante à réprimer ce mouvement.

Oui! chère Providence, je confesse mes torts d'alors
envers ma sœur, je reconnais que j'ai envahi son territoire et soumis ses sujets à ma loi.

Je dois dire aussi que bien des violences furent com-
mises à cette époque là, de la part de mes soldats; mais
hélas! comment pourrait-il en être autrement dans de
pareilles circonstances?

Vous savez bien que dans un si grand nombre
d'hommes, il y en a toujours qui sont vicieux et malfai-
sants, même parmi les chefs. Oh! bien souvent et trop
souvent oui... je reconnais que des ordres cruels ont été
donnés et exécutés.

LA FRANCE S'ADRESSANT A L'ALLEMAGNE :

Est-ce qu'il n'en a pas été de même parmi vos enfants,
ma sœur?

Les vôtres ne m'ont-ils pas détruit aussi des villes
entières, par l'épée et l'incendie ?

Vous devez du moins reconnaître, ma chère amie, que
souvent nous sommes impuissantes à réprimer toutes
ces iniquités, qui se passent avant, pendant et après la
bataille...

Oh oui ! toutes ces abominables catastrophes et forfaits
révoltent le cœur humain, quand on est de sang-froid,
et que l'on songe à toutes ces hécatombes, dis-je, qui
étaient pour la plupart du temps inutiles et iniques.

Je vois maintenant, ma bonne sœur, que la guerre
rend l'homme sauvage et terrible, presque à l'égal de
l'animal féroce ; lorsqu'il se bat, il ne se connaît plus ; il
tue pour avoir le plaisir de tuer ; il commet des actes
de sauvagerie qui, dans d'autres instants, l'épouvante-
raient; et cependant lorsqu'il est surexcité par la bataille,
le plus doux et le plus noble caractère devient cruel et
terrible... ; car beaucoup de soldats, autant des tiens
que des miens, éprouvent une certaine jouissance à
voir s'éteindre, dans une agonie effroyable, leurs malheureux camarades, à quelque parti qu'ils appartiennent.

C'est pour te dire, ma chère sœur, que, en guerre,
l'homme perd tout sentiment d'humanité ; il ne possède

3

même plus le respect de la famille ; on en a vu de tristes exemples par quelques soldats qui ont, dans le paroxysme de la rage, égorgé des membres de leur famille ! ! !...

* *
*

LA PROVIDENCE A SES DEUX FILLES :

Ah ! ceci est affreux à penser, et fait frémir, lorsque l'on y songe ?

Oh oui ! la guerre fait rétrograder l'homme au-dessous de l'animal.

Là, le plus honnête et le plus vertueux devient voleur et assassin !...

En effet, que sont donc les rançons que l'on inflige, le pistolet sous la gorge, à une ville, à un village ou à une personnalité ?

Appelez cela les exigences de la guerre, si vous le voulez ; mais les résultats n'en sont pas moins les mêmes que les autres crimes, que la société s'efforce de châtier chaque fois qu'ils se produisent.

Ce n'est donc pas trop dire, mes chères filles, que c'est là le vol à main armée, et, si l'on est impuissant à satisfaire ces rançons, la plupart du temps le pillage, le viol, l'incendie et l'assassinat s'en suivent...

Il ne faut cependant pas croire qu'une individualité quelconque est responsable de toutes ces abominables exactions ou crimes, c'est à la société tout entière qu'incombent toutes ces erreurs.

Le soldat lui-même n'agit ainsi que parce qu'on le place dans ces conditions, ces épouvantables forfaits devenant les conséquences des guerres.

Ah ! grand Dieu, que de victimes n'a-t-on pas à enregistrer après de pareilles désordres ; est-ce que les armées elles-mêmes, qui se sont battues, ne deviennent pas toutes des victimes ?

Qui donc peut se flatter d'avoir jamais tiré aucun bénéfice de pareilles abominations ?

La ruine, pour moi, est donc pour tous, et pour le vainqueur et pour le vaincu ; car les membres des armées, lorsqu'ils rentrent dans leurs foyers, trouvent toujours la misère la plus affreuse.

Et d'où vient cette détresse, grand Dieu ! n'est-elle pas due à tous ces iniques cataclysmes, en enlevant d'abord des bras utiles à l'agriculture, et ensuite en exigeant le dernier sou de la chaumière, sous forme d'impôt, pour faire face à toutes ces monstrueuses dépenses, qu'entraînent ces abominables fléaux ?...

Ah oui ! mes chères filles, il est certain que, si tous les peuples connaissaient les misères qu'ils doivent aux guerres, et le peu de bénéfices qu'ils en retirent, soit comme gloires ou avantages pécuniers, l'on ne trouverait pas dix hommes pour se battre les uns contre les autres, tant cette hideuse plaie est épouvantable.

Le vaincu est donc ruiné, pour moi, pendant des siècles entiers, à la suite de ces fléaux.

Examinons maintenant quels sont les bénéfices du vainqueur :

Il a, il est vrai, les rançons ; mais, hélas ! que sont ces dernières à côté des dépenses et des sacrifices qu'il a fallu qu'il fasse ?

A-t-on jamais vu que l'on ait remboursé les contributions à un imposé, après la guerre, quoique ce dernier ait été victorieux ?

Non! mes enfants, non, jamais nous n'avons vu cet exemple, pas plus chez l'une que chez l'autre.

C'est donc pour vous dire que le pillage qui a eu lieu pendant la guerre, et les indemnités que vous recevez après la bataille, sont généralement insuffisantes à combler les gouffres, que les exigences de ces dernières ont creusés dans les ressources d'un Etat.

Par exemple, toi, Allemagne! tu as environ quarante millions d'habitants en ce moment, y compris tes nouvelles annexions depuis quelques années, tu reçois de ta sœur cinq milliards d'indemnité, pour frais de guerre ; si tu distribuais cette énorme somme entre tous tes sujets, il leur reviendrait à chacun 12 francs 50 centimes..., et ce n'est pas trop présumer de dire qu'ils ont dépensé, pour cette modique somme plus de 100 francs, tant par le chômage dans les affaires, ou dans les pertes des récoltes qu'ils ont dû subir, non compris, bien entendu, tous les désordres et inquiétudes qu'ils ont apportés dans les familles.

Vous voyez, par les chiffres que je viens de vous poser, mes chères filles, que nulle de vous ne gagne à provoquer de pareils cataclysmes, cataclysmes, dis-je, qui ruinent vos malheureuses populations pendant des siècles entiers ; ajoutez à cela les innombrables douleurs physiques et morales de ces abominables tueries, et vous verrez, mes enfants, que vos rançons de quelques milliards sont bien minimes à côté de tant de désastres !

Comment récompenserez-vous maintenant les innombrables mutilations, qui sont le fait de la guerre ; tous ces bras et jambes de moins, comment paierez-vous tout cela ?

Et ces innombrables orphelins, avec quelles sommes parviendrez-vous à remplacer leur père, qui était tout leur avenir ? Comment parviendrez-vous aussi à indemniser les veuves de la perte de leur mari et de leurs garçons, qui étaient toutes leurs ressources et celles de leur famille ?

Et aussi des fils des malheureux impotents ?

De tous ceux, enfin, qui ont succombé dans ces abominables fléaux.

Ah ! mes chères enfants, je m'aperçois que ni l'une ni l'autre ne savez compter ; car, si vous vous étiez posé les chiffres du résultat de vos déprédations, vous vous seriez écrié :

Non ! pour si peu, il ne faut pas tant créer de désastres....

Je sais bien que quelques-uns de vos enfants tirent un bénéfice de ces épouvantables catastrophes ; mais, hélas ! de quel poids peuvent être, dans la balance de la justice, une centaine environ qui bénéficient de ces calamités abominables sur des millions qui sont, pendant une génération entière, à pleurer sur ces hécatombes ?

Je viens de vous mettre sous les yeux, mes enfants, le bilan du vainqueur, et, maintenant, je vais vous présenter celui du vaincu.

Toi, par exemple, Allemagne ! tu viens de te ruer avec acharnement sur ta sœur, tu as foulé son sol avec environ quinze cent mille hommes, et peut-être aussi avec deux cent cinquante à trois cent mille chevaux ; t'es-tu bien rendu compte, ma chère enfant, des désordres que tu allais apporter sur la propriété de ta voisine ?

Permets-moi de te dire que non ; car si tu avais sondé la profondeur des gouffres que tu allais y creuser, tu aurais reculé d'horreur devant un si grand amas de misères et de douleurs.

En effet, quelles sont les suites de ces abominables folies ?

Vois ta sœur, qui était l'une des plus florissantes de l'Europe ; vois-la, dis-je, aujourd'hui gémir et se tordre dans la douleur, et presque aux prises avec la misère !

Songe que, par le désordre que tu as apporté parmi ses enfants, tu les a contraints à chômer pendant de longues années.

Ils ont donc dû épuiser une partie de leurs ressources pour subvenir à leurs besoins.

Admire cependant quelle était l'étendue de la confiance que l'on avait de ta sœur, en Europe ; car, malgré toutes les apparences de ruine que tu as apportées chez elle, cela te donne une idée, dis-je, ma chère amie, de l'immense crédit dont cette dernière jouissait parmi les autres nations.

Eh quoi ! tout le monde croit ta sœur ruinée pour bien des années ; et cependant cette dernière fait appel à ses enfants et à l'Europe pour se libérer envers toi ; elle trouve plus de douze fois la somme qu'il lui faut, malgré toutes les catastrophes de ta guerre, et déchirements intestins qui l'ont si épouvantablement éprouvée.

Oui ! chère Allemagne, voici des chiffres éloquents qui doivent te faire réfléchir sur la confiance que ta sœur inspire dans le monde entier ; et cela, quoiqu'elle ne se soit pas encore constitué un gouvernement régulier.

Regarde, dis-je, cependant l'immense confiance que l'on a dans un provisoire, confiance qui est vraiment miraculeuse !

Cet acte seul vous prouve, ma fille, à vous toutes, que je l'assiste dans son malheur.

Avoue donc, ma chère enfant, que jamais aucune nation, sous un provisoire, n'aurait songé à espérer un pareil résultat?

Oui! je te le répète, beaucoup d'entre vous, nations, avez cru le crédit de cette malheureuse à jamais anéanti, et à l'appel que cette dernière a fait à ses enfants et à ses sœurs; malgré sa ruine apparente, dis-je, toi, tes sœurs et ses propres enfants ont couvert son sol d'or...

Je crois donc ne pas trop présumer, ma fille, en affirmant que cette pauvre nation, si maltraitée en ce jour, deviendra le principal flambeau de la civilisation et du bien-être de l'humanité!

Heureuses, je crois, celles qui lui resteront alliées...

Ces faits doivent t'engager, ma chère fille, à réfléchir sagement sur tous les conseils que je te donne.

. . . .

Enfin, Allemagne, tu as vu ces pauvres enfants se ruer les uns sur les autres de désespoir; tu connais la profondeur de ces calamités; et tu ne t'écries pas:

Oh oui! j'ai horreur de mes mauvaises actions!...

L'Allemagne :

O bonne Providence! pardonnez-moi, je reconnais et je confesse mes torts; et c'est pour cela que je ferai tout ce qui sera humainement possible pour atténuer, le plus que je pourrai, tous ces abominables désastres.

*
* *

La Providence :

Maintenant, mes chères filles, nous allons rétrograder de quelques années, afin de vous faire toucher du doigt l'étendue de vos horribles désastres, qui sont nécessai-

rement les conséquences de vos légèretés et de vos folies, j'ajouterai même de vos ambitions.

Nous allons nous faire accompagner dans cette visite,
par quelques-uns des chefs des deux camps et des soldats.

Voyons d'abord cette campagne qui a été occupée par
tes troupes, Allemagne !

Regarde de toutes parts, le sol est tellement foulé et
durci par les piétinements de tes hommes et de tes chevaux, que toutes les magnifiques récoltes, qui le meu-
blaient, ont été gaspillées, sans profit ni pour toi ni pour
ton ennemie.

Maintenant entrons dans cette maison.

Voyez d'abord ces déprédations de tous genres ; à
quoi vous a servi de mutiler toutes ces cheminées, qui
ont coûté de l'argent à ce pauvre artisan et au propriétaire ?

Pourquoi aussi avoir cassé ces portes, détruit ces pla-
cards et enfoncé les cloisons ; et pourquoi encore toutes
les fenêtres de cette maison gisent-elles par terre, leurs
carreaux brisés ?

Que vous ont donc rapporté tous ces affreux vanda-
lismes, folles que vous êtes ?

Je dis folles, puisque vous êtes aussi coupables, à mes
yeux, l'une que l'autre.

Toi, France ! tes enfants n'ont-ils pas commis des déprédations dans les propriétés de leurs frères ? N'ont-ils
pas encore eux, brisé des meubles et des portes, sous
prétexte de ne rien laisser à l'ennemi ?

Ah ! quelle affreuse chose que la démence...

Regarde maintenant, dans ce jardin, ces arbres frui-
tiers qui jonchent les allées, et qui étaient le produit de
plusieurs années de soins, de sueurs et de travail de la

part de leur propriétaire ; je vous le demande, à quoi bon toutes ces déprédations? à qui servent-elles?... — A personne.

Pourquoi aussi avoir brûlé le mobilier de cette maison, tandis que vous aviez du bois dans la cour? car je remarque ici que parmi ces cendres, qui gisent dans cette salle, j'y aperçois, dis-je, une quantité de pommelles, de serrures et de débris de meubles de tous genres, tels que charnières, plaques de cuivre, pieds de fauteuils et autres, jusque même des tableaux consumés avec leurs cadres.

Regardez encore cet amas de glaces brisées par terre.

Eh bien! mes enfants, que vous ont rapporté toutes ces déprédations?

LA FRANCE ET L'ALLEMAGNE :

Rien, ma mère, nous reconnaissons, ma sœur et moi, que c'était de la démence.

LA PROVIDENCE :

Et moi je trouve, au contraire, mes enfants, que cela vous a rapporté une grosse dose de haines sur vos têtes, haines qui tôt ou tard vous porteront malheur, si vous ne vous hâtez de vous corriger de ces abominables égarements.

Pénétrons plus avant dans cette maison.

Quelle est donc cette odeur insupportable, qui nous empêche d'avancer?

La France et l'Allemagne veulent reculer; mais la Providence les invite à la suivre, en leur disant de se placer leur mouchoir sous le nez.

Ils arrivèrent effectivement dans l'encoignure de la

maison; là se trouvaient cinq cadavres, qui étaient dans un état complet de décomposition.

Deux Français et trois Allemands gisaient côte à côte.

L'un de ces derniers était un colonel; un sous-officier français avait eu la jambe droite littéralement emportée, et son camarade avait reçu un éclat d'obus qui lui avait jeté les entrailles au vent.

Le colonel avait eu la poitrine littéralement broyée par un de ces projectiles, et percée de part en part de coups d'épée; quant aux deux autres victimes, elles étaient aussi abominablement mutilées.

Plus loin encore se trouvait le cadavre du cheval du colonel; ce dernier avait aussi été victime des obus.

Dites-moi pourquoi ces malheureux n'ont point encore eu les honneurs de la sépulture?

L'un des généraux présents répondit :

C'est vrai, bonne mère, nous avons été obligés, immédiatement après la bataille, d'abandonner ce village ; et, depuis ce jour, ce dernier est resté inhabité.

La France et l'Allemagne ordonnent aux hommes présents d'enterrer toutes ces victimes.

*
**

A l'extrémité de ce village se trouvaient plusieurs maisons littéralement détruites par les flammes.

De ces ruines aussi de fortes odeurs fétides s'exhalaient.

Les pauvres paysans, qui habitaient cette ferme, s'étaient cachés dans leurs caves, en entendant resonner le canon.

La Providence et ses deux filles comptèrent, sous ces ruines, neuf cadavres de vieillards, de femmes et d'enfants horriblement brûlés et mutilés par l'incendie et par l'écroulement des maisons...

Un certain nombre de bestiaux tels que chevaux, vaches et moutons avaient également été victimes de cet abominable fléau.

Dans le verger, l'on trouva aussi plusieurs cadavres de chevaux et quelques-uns de soldats et de villageois, parmi lesquels se trouvait une femme qui avait reçu une balle en pleine poitrine.

Plus loin encore, à l'entrée d'un petit bois, l'on découvrit aussi, dessous un amas de fagots, deux familles qui s'y étaient réfugiées avec leurs enfants et quelques animaux, qu'ils avaient pu sauver du désastre.

De dessous cet amas de bois, l'on entendait des plaintes lamentables.

La Providence ordonne aux hommes, qui étaient présents, de se rendre compte de ces lamentations.

Les malheureux, qui s'étaient réfugiés dans cette forteresse improvisée, n'avaient plus de quoi manger depuis quelque temps, et n'osaient encore sortir de leur cachette, ayant aperçu des soldats dans les environs.

Depuis quatre jours, ils avaient un cadavre d'enfant auprès d'eux, qui avait succombé le lendemain de leur arrivée dans ces lieux.

L'on se hâta de jeter les fagots par terre.

Ah! quel horrible tableau s'offrit aux yeux des spectateurs.

Une dizaine de personnes gisaient dans ces lieux presque sans air et sans pain.

Les quelques animaux qui s'y trouvaient poussaient aussi des gémissements plaintifs; car ils avaient également faim.

Tous ces pauvres gens avaient l'air d'être paralysés par la terreur; ils s'écrièrent :

Oh! ne nous tuez pas, nous vous en supplions, épargnez-nous pour nos enfants...

LA PROVIDENCE *leur dit :*

Rassurez-vous, mes amis, nous venons, au contraire, vous sauver.

La mère était accroupie auprès de son enfant, qui commençait à tomber en décomposition.

LA PROVIDENCE *à ses deux filles :*

Eh bien! mes enfants, que dites-vous de toutes les misères que nous venons de voir? croyez-vous qu'elles soient dignes de la civilisation humaine?

La France, l'Allemagne et tous les assistants s'écrièrent :

Ah! c'est affreux...

La Providence, après avoir fait donner des soins à ces malheureux, dit :

Continuons, mes enfants, continuons.

*
* *

Au bout d'une heure de marche, ils arrivèrent à l'entrée d'une petite ville où avait lieu un combat acharné.

De tous côtés, l'on entendait la fusillade, et le grognement de cet hideux instrument que l'on nomme le canon.

De grands cris de douleurs s'échappaient de toutes parts.

Là c'étaient des soldats poursuivant des habitants, le sabre au poing; d'un autre côté, c'étaient les cadavres de femmes, d'enfants et de vieillards qui obstruaient l'entrée des rues... Quelques instants après, cette ville devenait la proie des flammes ! ! !

Des cris épouvantables s'en échappaient de toutes parts ; et, quelques heures après, un morne silence succéda à cet effroyable fracas. La ville et une partie de ses habitants n'étaient plus...

L'on comptait aussi dans ses environs des monceaux de cadavres de soldats et de chevaux.

Combien, grand Dieu ! de pauvres blessés se traînaient, par-ci, par-là, en poussant des plaintes désespérées et appelant à eux ; mais hélas ! personne ne leur répondait.

LA PROVIDENCE.

Eh bien ! mes enfants, croyez-vous que cette dernière scène soit digne de vous et de vos peuples ?

La France et l'Allemagne se contentèrent de baisser la tête et de se cacher le visage dans leurs mains.

Les autres spectateurs de cette scène disaient :

Oh non ! Il est impossible que nous soyons aussi barbares que cela.

La Providence leur répond :

Cela est cependant, mes enfants, vous êtes assez cruels pour accomplir toutes ces atrocités, atrocités, dis-je, qui vous font horreur, lorsque vous retrouvez votre sang-froid.

Quittons maintenant, mes amis, ce spectacle de désolation.

* *
*

Après avoir marché deux heures, à quelques lieues de

là, les grondements du canon se faisaient de nouveau entendre.

Une bataille formidable venait de s'engager, les victimes se comptaient déjà par milliers de part et d'autre.

De ce côté gisaient au moins cinq cents chevaux, plus ou moins mutilés, et beaucoup de leurs cavaliers étaient couchés auprès d'eux; les uns ayant été littéralement coupés par la moitié du corps, les autres la tête décollée, beaucoup d'autres encore n'offraient que des membres informes.

De tous ces hideux groupes s'échappaient des plaintes et des cris de douleur à fendre le cœur.

Plus loin c'étaient des fantassins couchés côte à côte pêle-mêle.

Le plus grand nombre d'entre eux étaient morts, et les autres horriblement mutilés.

L'un d'eux, qui avait eu le bras emporté, s'adresse à la Providence, en la suppliant de lui donner à boire.

Ce malheureux s'écriait :

Oh! ma pauvre famille, que va-t-elle devenir, puisque ma vieille mère n'est plus capable de gagner sa vie, et que l'une de mes sœurs est infirme.

Oh! maudite guerre, qui les prive de leur soutien et qui va les réduire au désespoir et à la dernière des misères...

En prononçant ces paroles, le malheureux s'affaissa sur lui-même; il était mort!!!

*
* *

A quelques pas de lui, se trouvait un cavalier saxon qui avait eu une partie de la tête emportée, et en tombant de cheval, il s'échappa un portefeuille de sa poche.

La Providence ramassa au hasard plusieurs lettres éparses, elle donna lecture de la suivante :

« Ma chère femme,

« Nous allons livrer combat demain, c'est pour cela
« que je me hâte de t'écrire ces quelques lignes, en cas
« qu'il m'arrive malheur.

« Nous devons, hélas ! tous tant que nous sommes,
« envisager notre dernière heure, lorsque nous sommes
« appelés à prendre part au combat.

« Ah ! quelles calamités, ma chère femme, que celles
« de la guerre !

« Avant hier, par exemple, nous nous sommes battus
« pendant cinq heures consécutives ; nous avons perdu
« dans cet affreux carnage quatorze cent cinquante
« hommes.

« Les pertes de nos ennemis, dit-on, sont à l'égal des
« nôtres.

« Voilà donc, mon amie, trois mille existences suppri-
« mées de cette terre ; et cela en quelques heures...

« Tous ces malheureux, qui ont tant coûté de peines
« et de larmes à leurs parents, pour les élever jusque-là ;
« eh bien ! en un instant, ces trois mille existences, dis-
« je, qui commenceraient à être utiles à leurs parents,
« disparaissent tout à coup.

« Combien de pères et de mères n'ont-ils pas compté
« sur ces derniers, pour soulager leur vieillesse ?

« Ah ! ma bonne amie, je ne sais pourquoi, je marche
« au combat avec une tristesse navrante...

« Hélas ! ce qui m'afflige encore davantage, c'est la
« lettre que j'ai reçue dernièrement de toi, où tu me dis
« que deux de nos enfants sont malades.

« Ah ! que je suis désolé d'être aussi éloigné de toi,
« surtout en ce moment que ma présence te serait si

« utile, relativement à l'opération qu'il faut faire à notre
« pauvre petit Pierre.

« Comment! le médecin n'a pu arriver à guérir cette
« jambe?

« Ah! tu me navres le cœur, en m'apprenant qu'on va
« la lui couper, et il faut que je sois à près de trois cents
« lieues loin de vous..

« Oh! mon Dieu, mon Dieu... Combien je donnerais
« vingt ans de ma vie, pour que cette affreuse guerre
« fût finie.

« Si tu connaissais, ma chère Agathe, toutes les souf-
« frances que nous avons endurées, et combien nous
« en faisions aussi éprouver à nos malheureux ennemis,
« qui sont cependant bons, je t'assure.

« Dernièrement, par exemple, je me suis trouvé pris
« avec un lieutenant de mon escadron, par cinq Fran-
« çais dont un officier. J'ai reconnu, en ce dernier, un
« de mes bons camarades ; car nous avons été employés
« dans la même administration à Paris.

« On allait infailliblement nous fusiller, lorsque tout
« à coup ce noble cœur s'écria, en me prenant le bras :

« Est-ce que vous ne vous nommez pas François
« Müller?

« Je me retournai brusquement et lui répondis : *Nix!*
« Mais j'examinai, à mon tour, attentivement cet of-
« ficier, et je le reconnus bien vite pour avoir été l'un
« de mes meilleurs amis.

« Il s'écria de nouveau :

« Müller, je te reconnais; c'est inutile de feindre !

« A ces dernières paroles, je jetai mon sabre par terre ;
« car je tenais ce dernier au poing dégainé. Nous étions
« acculés contre un mur et prêts à vendre notre vie cher.

« Je me jetai dans ses bras en lui disant :

« Oh oui ! je te reconnais aussi, toi ; tu es bien Lam-
« bert?

« Il me répondit :

« Tu as raison, je suis l'un de tes bons amis, tu dois
« t'en souvenir ?

« Je lui répondis :

« Ah! si je me le rappelle, Louis, eh quoi ! après
« douze ans de séparation, nous nous rencontrons dans
« de pareilles circonstances...

« Ses soldats nous regardaient d'un mauvais air ; l'un
« d'eux, qui était caporal, avait déjà ordonné de faire
« feu sur nous, lorsque Louis se retourna brusquement
« de leur côté, en leur criant :

« Silence ! Nul n'a le droit de commander que moi...

« Ses hommes murmurèrent contre u ; mais ils dûrent
« mettre les armes à terre.

« Lambert leur dit :

« Mes amis, par une fatalité extraordinaire, je trouve
« ici acculé à ce mur le meilleur de mes camarades ; et
« au grand jamais je ne consentirai, tant que je serai vi-
« vant, que l'on touche à un seul cheveu de sa tête.

« Le caporal reprit d'un air de colère :

« Vous savez, capitaine, que nous sommes en guerre,
« et qu'une faveur, pour l'un de nos ennemis, devient
« un crime de trahison ?

Louis *dit :*

« Trahison ou non, je ne veux pas que l'on fusille
« mon ami, ni cet officier qui est avec lui ; ou, si vous
« voulez les immoler, vous me tuerez avec eux !

« Mon camarade s'approcha du capitaine, lui serra
« affectueusement la main, en lui disant en bon français :

4

« Non, capitaine, nous ne supporterons pas qu'il vous
« arrive, à cause de nous, une chose désagréable, que
« vos hommes nous fassent donc prisonniers, c'est leur
« droit.

LE CAPORAL *reprit :*

« Notre devoir, c'est de vous fusiller ; car vous n'avez
« pas épargné les nôtres...

« Mon compatriote, pour toute réponse, jeta son épée
« loin de lui, et se mit en croix contre le mur, en leur
« disant :

« Eh bien ! soldats, exécutez votre droit, je suis prêt.

« Cet acte de bravoure désarma tous ces braves gens ;
« ils s'écrièrent :

« Au fait, pourquoi donc tuer cet homme-là, ne
« fait-il pas aussi partie de la grande famille humaine ?

« Quant à moi et Lambert, nous regardions cette
« scène muets de surprise.

« Louis s'écria, en pensant que les soldats allaient
« tirer :

« Je vous ordonne de ne pas faire feu !

« ..... En ce moment, un grand tumulte se passa au-
« tour de nous.

« Une compagnie des nôtres était revenue au cime-
« tière : car nous étions adossés à ce dernier.

« Mon malheureux ami tomba foudroyé à côté de
« moi d'une balle dans la tête ; l'un des soldats fut aussi
« tué ; le caporal et deux autres hommes furent faits pri-
« sonniers.

» Nous versâmes des larmes, l'officier et moi, sur la
« fin dernière de ce brave capitaine, et nous nous accu-
« sions réciproquement d'être causes de sa mort.'

« Depuis ce jour, ma chère femme, je suis d'une tris-
« tesse navrante.

« En franchissant le mur du cimetière, le lieutenant
« qui était avec moi, reçut une balle dans la cuisse, et,
« trois jours après, il mourut des suites de sa blessure.

« Voilà ! ma chère amie, à quoi un soldat est exposé à
« chaque minute.

« C'est pour te dire que, souvent les exigences de
« l'inexorable guerre, nous portent à tuer les meilleurs
« de nos amis, et souvent même des parents ; car derniè-
« rement le fils Mayer, qui a épousé comme tu sais une
« Française de Lyon, puisque ce dernier a, pendant de
« longues années, habité cette ville. Eh bien ! le fils
« Mayer, dis-je, a tué son beau-frère, qui s'était engagé
« volontairement, pour la guerre, dans un régiment de
« cavalerie légère formé à Lyon.

« Lorsque ce pauvre garçon a reconnu ce dernier,
« qu'il aimait, parmi les cadavres, sur le champ de ba-
« taille, il est devenu fou ; c'était l'une de ses propres
« balles qui l'avait tué.

« Je te citerais encore une chose bien plus horrible,
« ma chère femme :

« L'un de mes compatriotes, qui avait dû quitter Pa-
« ris à l'époque où l'on a renvoyé nos concitoyens, dut
« prendre, à son arrivée dans ses foyers, un fusil, et
« courir comme les autres à la frontière.

« Son fils aîné, qui s'était éloigné de Paris pour ne
« pas quitter la France, s'était engagé dans les francs-
« tireurs ; ce dernier avait dix-huit ans ; eh bien ! le
« croirais-tu, ce pauvre garçon a tué son propre père, à
« une attaque dans un passage des montagnes des
« Vosges.

« Le malheureux enfant, lorsqu'il s'aperçut de cette

« horrible circonstance, voulut se faire sauter la cervelle
« et on n'eut que le temps de lui ôter son fusil...

« On dut le garder plusieurs jours à vue, m'a-t-on dit,
« pour qu'il n'attentât plus à ses jours.

« Voilà, ma chère amie, des monstruosités à jamais
« regrettables et qui devraient faire maudire les guerres.

« Et tant d'autres choses encore hélas ! qui se passent
« et que nous ignorons...

« Je ne puis t'en dire, ma bonne amie, plus long sur
« ces tristes sujets, car j'ai le cœur navré de douleurs.

« Le général nous a promis que quelques détache-
« ments de notre division allaient rentrer en Allemagne;
« je me suis hâté d'aller voir le colonel et lui ai commu-
« niqué ta lettre. Il m'a promis de faire tout son pos-
« sible pour que je fasse partie de ce détachement.

« Je t'en supplie, fais tout ce que tu pourras, pour que
« le docteur prolonge jusqu'aux dernières limites, avant
« de faire l'amputation de notre Pierre.

« Si j'ai le bonheur de faire partie de ce détachement,
« j'arriverai probablement vers le 10 du mois prochain,
« en cas contraire, que deviendras-tu, pauvre femme,
« avec cinq enfants dans la maison, dont un amputé ?

« Ah ! toutes ces affreuses pensées m'accablent, ma
« chère amie.

« Adieu ! je ne puis t'en dire davantage ; demain après
« la bataille, j'espère pouvoir t'en dire plus long.

« Adieu, encore une fois, embrasse mille fois pour
« moi mes petits enfants, ainsi que ma bonne vieille mère.

« Bien à vous tous ; ton malheureux mari qui pense à
« toi jour et nuit !

. . . .

La Providence passe cette lettre à l'Allemagne en lui
disant :

Fais-la parvenir à son adresse et tâche de faire quelque chose pour cette famille, puisque tu viens de lui supprimer son chef.

La lecture de cette dernière avait attristé beaucoup tous les spectateurs de ces abominables hécatombes.

LA PROVIDENCE *reprit :*

Eh bien! Allemagne, que me répondras-tu sur ces événements?

Tu as entendu le frère qui tue son beau-frère, le fi's qui tue son père, et la situation horrible de deux amis, qu'une fatalité terrible réunit au moment où l'un d'eux va être fusillé?

Vois maintenant ce père de cinq enfants, dont l'un va être amputé sous peu de jours probablement!

Eh bien! que me répondras-tu pour tant de calamités?

L'ALLEMAGNE.

Oh! Pardonnez, mère, pardonnez, ou je deviendrai folle?

LA PROVIDENCE :

Maintenant, mes enfants, je vais vous conduire dans une ambulance qui se trouve dans ce baraquement que vous voyez là-bas.

En y arrivant, ils aperçurent un grand mouvement sur la porte de cette dernière.

Beaucoup de chirurgiens causaient avec animation, quelques-uns même pleuraient.

Un général de division, à qui l'on avait fait l'amputation d'un bras dans la matinée, venait de mourir; ce dernier, outre son bras mutilé, avait reçu une balle au bas-ventre.

Il avait l'air bien regretté de tout le monde ; car il paraît que c'était un homme de cœur et de bon sens, qui avait constamment fait opposition à cette guerre fratricide.

La Providence et sa société suivirent aussi un infirmier qui portait dans son tablier un paquet assez volumineux.

Ce dernier s'introduisit dans une petite cabane en planches ; il en ouvrit la porte et allait en franchir le seuil, lorsqu'il aperçut la Providence et sa suite ; il leur dit :

Je vous en prie, messieurs et mesdames, ne pénétrez pas dans ce lieu désolé.

LA PROVIDENCE :

Si, mon enfant, nous voulons au contraire visiter cette hutte.

L'infirmier n'osa résister à ce désir, et y introduisit la société.

La Providence et ses suivants reculèrent avec horreur ; une quantité de jambes et de bras gisaient par-ci par là...

Un grand linceul, de toile grossière, couvrait aussi une surface assez volumineuse.

La Providence ordonna à l'infirmier de lever cette toile.

Quelle ne fut pas encore la surprise des spectateurs, en voyant une vingtaine de cadavres entassés là les uns sur les autres ; il leur manquait à tous un bras ou une jambe ! ! !

La France et l'Allemagne ne purent s'empêcher de lever leurs yeux au ciel ; elles s'écrièrent toutes les deux à la fois :

Ah! mon Dieu, combien vous nous châtiez, en mettant sous nos regards toutes ces hideuses plaies dont nous sommes causes.

LA PROVIDENCE *leur dit :*

Patience, mes enfants, je ne vous ai point encore montré toute l'étendue de vos désastres.

Toute la société quitta ce lieu et alla visiter l'ambulance.

A l'instant où elle y entrait, quatre des malheureux mutilés, y compris le général, venaient de rendre le dernier soupir.

Ce n'étaient que cris de douleurs de tous côtés ; les uns demandaient en grâce qu'on les achevât, les autres s'écriaient :

Non ! je ne veux pas que l'on me coupe la jambe, je préfère la mort…

Un jeune homme, à qui l'on était en train d'extraire un éclat d'obus qui avait pénétré au-dessous du foie, venait de saisir à la dérobée un instrument de chirurgie et se le plonger dans la poitrine, pour mettre fin à ses cruelles souffrances ! ! !

La Providence et sa suite le virent expirer sous leurs yeux.

Tous les chirurgiens étaient mornes et silencieux ; on eût dit que cet étroit réduit allait, sous peu, se changer en un vaste tombeau, tant les figures de ceux qui donnaient leurs soins aux blessés étaient tristes et mornes.

….. A l'extrémité de la salle se trouvait une pauvre vieille femme, qui avait l'air d'avoir quatre-vingt-dix ans ; cette malheureuse avait reçu une balle qui lui avait fracturé l'avant-bras. Elle invoquait aussi la mort avec instances.

A tant de douleurs, toute l'assistance se mit à fondre

en larmes, et les deux sœurs s'écrièrent en se serrant
dans les bras l'une de l'autre :

Oh! mon Dieu, pourrons-nous jamais faire assez de
bien pour expier tant de forfaits?...

La Providence les regarda avec un air de pitié en leur
disant :

Pauvres filles,que vous devez souffrir, en présence de
vos propres œuvres!

Quant aux autres spectacteurs, ils avaient tous la tête
baissée ; on eût dit qu'on les conduisait à la mort.

LA PROVIDENCE :

Sortons de ces lieux, mes enfants, où de si tristes ré-
flexions doivent vous affliger...

*
* *

Chemin faisant, ils se trouvèrent encore sur un champ
de bataille ; ils rencontrèrent une quantité innombrable
de fuyards, les uns tout ensanglantés, les autres leurs
vêtements en lambeaux.

Quelques cavaliers et leurs chevaux laissaient de longues traînées de sang derrière eux ; beaucoup de soldats
cassaient leurs armes, pour ne plus avoir à s'en servir, ou
par crainte d'être pris avec.

A travers un bois, la Providence et sa suite aperçurent
tout à coup des immenses tourbillons de flammes, qui
s'élevaient au dessus des plus grands arbres, et là encore des clameurs effroyables se faisaient entendre de
toutes parts.

C'était un village qui, quelques instants après, était
dévoré par les flammes.

Ils avancèrent un peu vers ce dernier, et ils se trouvèrent en présence d'un monceau de cadavres et de

mourants ; l'on compta, à ce désastre, plus de dix mille victimes de part et d'autre...

La Providence dit, en s'adressant à ses deux filles :

Eh bien ! mes enfants, trouvez-vous ces chiffres éloquents ?

Jugez maintenant quel doit être le concert, contre vous, de toutes ces âmes arrachées violemment de leur corps, et à l'affection de leurs familles ?

Les deux malheureuses sœurs fermèrent les yeux à ces dernières paroles, et restèrent muettes de terreur ; quant aux autres assistants, ils levèrent les mains au ciel, en s'écriant :

Oh mon Dieu ! que de douleurs...

LA PROVIDENCE :

Suivez-moi, mes enfants, éloignons-nous de ce maudit lieu de désastres.

*
* *

Lorsque la société eut fait quelques lieues, elle rencontra, non loin d'une forêt, une quantité innombrable d'hommes sans armes, qui marchaient entre deux cordons de cavaliers, armés jusqu'aux dents, le pistolet au poing.

Ce convoi n'était autre que des malheureux faits prisonniers sur le champ de bataille ; parmi eux se trouvaient quelques officiers seulement.

Un lieutenant-colonel marchait en tête de la colonne, ce dernier était le seul à qui on avait permis de conserver son épée ; tous les autres captifs avaient un air d'indicible tristesse peint sur leurs traits ; ils devaient se demander, ces pauvres soldats, ce que l'on allait faire d'eux ?

LA PROVIDENCE :

Toi, ma chère Allemagne, tu en as emmené pour ta part un grand nombre ; mais j'ai le regret de t'annoncer que tes prisonniers ont souvent manqué du strict nécessaire, et que souvent aussi tes enfants ont manqué de cordialité et de courtoisie envers ces derniers.

Tu auras, ma chère Allemagne, à en faire une forte réprimande de ma part à tes enfants.

Je veux cependant bien admettre que souvent tu te trouvais dans l'impossibilité de satisfaire à tous ces besoins, par suite de trop grandes agglomérations ; mais je te ferai observer, d'un autre côté, que la courtoisie n'exige ni place ni argent.

Souvent, dis-je, tu as parqué ces malheureux dans des lieux malsains, par très grandes quantités, bien qu'ils fussent encore sur leur territoire.

Permets-moi en passant de te dire que tes enfants ont plus d'une fois, manqué d'humanité sous ce rapport ; car les tiens ont conduit ces victimes comme des troupeaux de bestiaux que l'on mène à une foire.

Tes enfants, dis-je, auraient dû comprendre que toutes ces humiliations et avanies étaient faites à des frères.

Je veux bien, ma chère Allemagne, que tu n'aies pas donné toi-même des ordres semblables à tes sujets, oh non ! cette idée est loin de ma pensée ; mais tu aurais dû punir sévèrement ceux de tes enfants qui se livraient à de pareils procédés, procédés, dis-je, qui devenaient pour eux de vrais non-sens.

Tu sais qu'en général, lorsque des prisonniers sont bien traités par leurs conquérants, ils se souviennent de la manière courtoise dont ils ont été reçus ; et si plus tard tes sujets tombent à leur tour dans l'adversité, on leur rend sympathie pour sympathie.

Si, au contraire, ceux-ci ont été maltraités, ces derniers, dis-je, sont plutôt portés à rendre le mal pour le mal.

C'est pour cela, ma bonne Allemagne, que ces mauvais procédés-là ne devraient jamais exister ; car ils constituent, je te le dis de nouveau, de vrais non-sens. Les prisonniers devraient plutôt être considérés comme amis que comme ennemis, du moment qu'ils ne peuvent plus nuire.

L'ALLEMAGNE :

Je puis cependant vous affirmer, ma mère, que j'ai toujours recommandé la plus stricte bienveillance pour mes prisonniers ; et je vous remercie de me faire connaître que l'on n'a pas toujours suivi mes ordres.

LA PROVIDENCE :

Ta réponse me satisfait, ma fille ; nous allons laisser partir ces malheureux soldats ; quant à nous, rendons-nous au hameau voisin.

Là encore d'horribles scènes s'étaient passées dans la nuit de la veille.

La Providence et sa compagne s'arrêtèrent au milieu de la route, mais non loin de ce bourg.

Un soldat allemand était assis sur le bord d'un fossé, s'arrachant les cheveux ; ce dernier maudissait la guerre et la destinée. Il s'écriait :

Non ! il n'y a pas de Dieu ; car s'il y en avait un, il ne pourrait jamais permettre de pareils forfaits...

La Providence s'approcha de lui et l'interrogea :

Pourquoi, mon ami, blasphêmez-vous ainsi?

Le pauvre soldat leva alors la tête ; son physique paraissait encore jeune ; et cependant ses cheveux étaient littéralement blancs. — Il se leva et répondit à la Providence :

Oh ! madame, si vous saviez l'épouvantable histoire qui vient de m'arriver.

Il s'arracha de nouveau les cheveux en disant :

Oh mon Dieu ! je sens que je deviens fou, pardonnez-moi de vous avoir blasphêmé ?

LA PROVIDENCE :

Racontez-nous donc, mon ami, cette histoire qui vous paraît si lugubre ?

— Hélas ! madame, je n'en aurai jamais la force, répondit le malheureux.

LA PROVIDENCE :

Si, mon enfant, armez-vous de courage, et racontez-nous la.

LE SOLDAT :

Je vais essayer, madame, de vous mettre au courant de tous ces abominables forfaits :

Il y avait dix-neuf ans, madame, que j'habitais la France, lorsque la guerre éclata avec mon pays.

Moi, ne m'étant pas fait naturaliser Français, quoique cependant je fusse établi, marié et père de famille, je dus quitter Paris comme tous les autres citoyens, à l'époque où on nous expulsa du territoire français.

Après de cuisants chagrins, de part et d'autre, je finis par quitter ma femme et mes enfants, et cela, peu de temps avant que le siége de Paris eût lieu.

Je fis donc comme beaucoup de mes concitoyens, je me rendis dans mon pays, où l'on m'enrôla bientôt dans la landwehr, et, une fois armés et équipés, on nous renvoya immédiatement en France, pour appuyer le corps d'armée du général Manteuffel.

Une fois sorti de Paris, je n'ai pu avoir de nouvelles de ma femme, pas plus que je ne pouvais lui donner des miennes.

Le malheureux pousse à ces dernières paroles des sanglots étouffés, en s'arrachant de nouveau les cheveux, ses traits se contractèrent tout à coup, et il fut obligé de se rasseoir.

Après une pose d'un instant, il reprit péniblement :

Il faut d'abord vous dire, madame, que dans la maison que j'habitais à Paris, j'étais le seul de ma nationalité ; il paraît que, quelques jours après mon départ, de mauvais drôles commencèrent à maltraiter ma femme, en la traitant d'espion prussien, et de tout autres épithètes grossières, quoique cependant l'on sût bien qu'elle était Française.

Cette dernière eut malheureusement peur des menaces de ces mauvais plaisants.

Une de ses amies, qui a fui Paris deux jours avant le siége, l'engagea à partir avec elle, ainsi que mes enfants, chez sa mère, qui réside à quelques mètres d'ici.

La nuit dernière donc, Madame, nous fûmes attaqués de nouveau par des francs-tireurs, qui nous tuèrent plusieurs hommes en quelques minutes.

Un certain nombre de soldats étaient allés se cacher dans plusieurs maisons, et nous tiraient dessus par les ouvertures de ces dernières.

Dans l'une d'elles entr'autres, qui se trouvait au milieu d'un jardin, cinq ou six s'y étaient réfugiés et s'étaient mis en devoir d'y pratiquer des meurtrières dans les murs, tandis que l'un d'eux était monté sur la toiture et nous tuait des hommes, à tout coup, de la lucarne où il se trouvait.

Ce mauvais procédé nous exaspéra tellement que notre capitaine nous ordonna d'assiéger la maison, et de passer au fil de l'épée tous ceux que nous trouverions dedans.

Moi, à qui une balle avait enlevé mon schako de sur la tête, j'étais devenu furieux comme mes camarades.

Nous arrivâmes donc, après des difficultés inouïes, dans cette maudite maison; nous perdîmes une dizaine de soldats au moins dans le jardin.

Je fus l'un des premiers qui arrivèrent au premier étage, j'avais la rage au cœur et je ne me connaissais plus...

(En disant ces dernières paroles, le malheureux poussa de nouveau des sanglots aigus, à tel point que la Providence eut peur un instant qu'il devînt fou).

Enfin, après une violente surexcitation, il se calma tout à coup; et on voyait qu'il faisait des efforts inouïs sur lui-même, pour achever son histoire. Mais au fur et à mesure qu'il la racontait, on eût dit que ses cheveux blanchissaient de plus en plus.

Ce soldat reprit :

Je vous ai donc dit, madame, que j'étais arrivé au premier étage. Deux francs-tireurs, qui se trouvaient dans l'une des pièces, avaient ordonné à trois dames et deux jeunes filles de se tenir derrière la porte, pour que l'on ne pût l'ouvrir; car, disaient-ils, si les Prussiens entrent, vous êtes perdues et nous aussi :

J'entendis ce langage du dehors et, aidé de trois de mes collègues que j'appelai à moi, nous enfonçâmes la porte à coups de crosse de fusil.

J'eus même l'horrible idée moi-même d'y enfoncer ma baïonnette jusqu'à la garde...

Cet homme reprit d'un air véhément :

Ah ! misérable bandit que je suis ; ma baïonnette traversa le corps de l'une des femmes qui étaient derrière la porte.

Nous entendîmes un cri formidable partir de l'intérieur, où un tumulte indescriptible avait lieu.

Les francs-tireurs vociféraient contre nous ; et j'entendis distinctement une jeune fille qui poussait des cris à déchirer tous les cœurs de l'univers, en disant que l'on venait de tuer sa mère...

Enfin, la porte céda sous nos efforts redoublés, deux de mes camarades furent tués par les francs-tireurs de l'intérieur.

Ces derniers parvinrent à s'échapper dans la mêlée; mais ils furent tués tous les deux dans le jardin.

Un nuage de sang passa en ce moment devant mes yeux, je n'y voyais plus, j'étais fou... j'eusse, je crois, tué le bon Dieu s'il se fût trouvé devant moi, tant ma rage était devenue féroce.

Je me mis alors à frapper à tort et à travers en entrant dans cette maudite pièce. J'abattis d'un coup de baïonnette une pauvre vieille dame qui se traînait à mes genoux ; mais avant d'arriver à elle, j'avais dû fouler aux pieds un cadavre...

Le seul camarade qui me restait venait aussi de percer de part en part une jeune fille d'environ douze ans.

Moi, pendant ce temps, je frappai à coups de crosse de fusil à une autre porte où j'entendais des cris de terreur effroyables, cette dernière céda sous ma rage herculéenne.

Deux femmes se trouvaient dans cette pièce; la plus

jeune d'elles, me voyant, s'écria en joignant les mains :

Mon père ! ! !...

Mais hélas ! avant que je comprisse cette exclamation, ma monstrueuse main lui avait déjà enfoncé la baïonnette dans la poitrine ! ! !...

Ce malheureux soldat, en disant ces dernières paroles, se retourne et frappe ses deux mains, avec horreur, contre un arbre qui était derrière lui ; il reprend :

J'aperçus alors le visage de mon enfant, avant que je n'eusse même retiré le fer homicide de sa plaie.

La parole de ce pauvre insensé devenait saccadée de plus en plus ; il reprit :

Oui, madame, le croiriez-vous, cette autre dame qui se tenait debout à demi-morte de frayeur devant la cheminée, s'écria, en me reconnaissant :

Malheureux, vous venez de tuer votre fille !...

A ces affreuses paroles, mes oreilles me bourdonnaient comme une cascade ; car j'avais déjà reconnu mon enfant ; je m'affaissai sur moi-même, et perdis connaissance.

Ce ne fut que deux heures après que mes camarades me ramenèrent à la vie, à force de soins ; et j'appris là que j'avais été le propre bourreau, non seulement de mon enfant, mais de ma pauvre femme.

La bonne dame, qui avait échappé à ce carnage comme par miracle, me raconta comment il se faisait que mon épouse et mes deux enfants se trouvaient chez elle ; c'était cette dernière qui les avait engagées, m'a-t-elle dit, à la suivre chez sa mère, à cause des insultes que ma femme recevait dans notre maison.

Cette dame m'apprit aussi la mort de ma plus jeune fille, ainsi que celle de sa vieille mère, qui venaient d'être égorgées par mon camarade.

A ces dernières paroles, le malheureux lève les bras
en l'air, ses yeux devinrent fixes, et il poussa un violent
et strident éclat de rire ; il était fou... Ses cheveux
avaient fini de blanchir, comme neige, pendant cette
conversation.

La Providence prit l'Allemagne et la France par la
main, et les mena droit devant cette immense fatalité, et
leur dit :

Contemplez, mes filles, le résultat de vos légèretés !..

A cet instant, l'on eût dit que le pauvre insensé repre-
nait une lueur de raison ; il s'écria en apercevant les
deux sœurs et se cachant la tête dans les mains :

Ah !.. Ah !.. Ah !!!

Ces exclamations furent accompagnées par un nouveau
rire strident.

L'infortuné s'affaissa sur lui-même ; il venait de suc-
comber à une congestion cérébrale.

La Providence dit aux deux sœurs tristement :

Faites enterrer cette pauvre victime, mes enfants, et
adressez tous une prière à Dieu votre Père, qu'il vous
fasse miséricorde ; quant à cette nouvelle victime, Dieu
lui pardonnera, j'en suis sûre.

*
* *

Poursuivons maintenant nos visites d'investigations.

Pénétrons dans cette maison qui borde là-bas la
route.

La Providence et sa suite trouvent dans cette dernière
neuf personnes : ces pauvres gens sont tous couchés sur
la paille.

Ils avaient mis des linges et des papiers accrochés aux
croisées pour empêcher l'air frais de pénétrer et en
même temps pour se garantir de la vue des importuns.

5

Un homme de soixante-quinze ans environ, était là jouant avec ses doigts d'un air hébété.

Son fils raconta à la Providence que toutes les frayeurs que ce dernier avait eues pendant la guerre, l'avaient fait devenir imbécile.

Trois femmes se trouvaient aussi assises devant la cheminée ; deux de ces dernières n'avaient l'air que d'avoir vingt ans tout au plus ; quant à la troisième, elle paraissait être leur mère, malgré son air beaucoup plus âgé.

Le chef de famille raconta aux nouveaux-venus, que ces trois pauvres créatures avaient été victimes des outrages les plus révoltants, de la part des soldats. L'une d'elles portait les traces de ces ignominieuses infamies.

Quand elles aperçurent les nouveaux arrivés, elles baissèrent la tête et se le cachèrent dans leurs mains, tant elles avaient horreur d'avoir été si misérablement traitées.

Il paraît que, lorsqu'on les interrogeait, elles vociféraient un concert de malédictions contre les soldats.

Le chef de famille dit que tout leur mobilier avait été brûlé ou volé, et qu'il avait, à force d'économies, fait construire la maison où il se trouvait, maison que plusieurs obus avaient abominablement ravagée.

Il a aussi raconté qu'il avait un commerce d'épiceries, toutes ses marchandises lui ont été enlevées et gaspillées; qu'enfin il ne lui restait absolument plus rien.

Il dit encore que tous ses voisins avaient été à peu près aussi mal traités que lui.

La Providence entendit quelques plaintes sortir de la pièce voisine ; elle en demanda la raison.

Le père de famille répondit que c'était son malheureux

fils qui se tordait sur son lit de douleurs depuis plus d'un mois déjà.

Ce dernier était dans la garde mobile, disait-il ; il avait eu à la bataille du Bourget l'avant-bras fracturé.

A ce même combat il a aussi reçu une balle dans les reins, que l'on n'avait encore pu lui extraire.

Le pauvre père pleurait en disant ces dernières paroles ; il reprit :

Il n'est pas possible que mon fils puisse résister à de pareilles souffrances physiques et morales.

Il faut vous dire, messieurs et mesdames, qu'il y avait tout au plus six mois que mon enfant était marié lorsque la guerre éclata ; et c'est précisément ma jeune bru qui a souffert le plus des outrages de ces misérables.

Cette horrible histoire a contribué pour beaucoup à rendre mon infortuné fils dans l'état actuel où il se trouve ; car à chaque seconde il se souhaite la mort, pour ne pas voir, dit-il, plus longtemps devant lui le spectacle du déshonneur de sa femme.

Parfois cependant ce pauvre martyr s'écrie tout haut :

Oh mon Dieu ! Prêtez-moi encore quelques années de vie, pour que je puisse me venger des souffrances et des outrages dont l'on m'a abreuvé.

Souvent, en disant ces paroles, il embrasse sa femme et ils pleurent ensemble.

Voilà, messieurs et dames, celui que vous entendez gémir avec tant de douleurs !

La Providence et sa suite voulurent voir le malade ; ils furent saisis d'une immense compassion à cette vue.

Les traits de ce malheureux n'offraient plus qu'un aspect cadavérique.

LA Providence *lui dit* :

Vous souffrez donc beaucoup, mon ami?

Le malade ne put qu'articuler ces mots :

Ah ! si je souffre...

Et il porta aussi sa main décharnée à son visage, pour répondre à la question de la Providence.

La [France et l'Allemagne ne purent s'empêcher de verser quelques larmes, en présence de cette immense douleur ; et elles se retirèrent avec la Providence et sa suite, après avoir dit quelques paroles de consolation à ce pauvre malheureux.

En repassant dans la pièce où se trouvaient tous les membres de la famille, la Providence jeta un coup d'œil dans ce local ; là, comme ailleurs, tout était brisé.

Des côtés de commode tenaient lieu de table aux habitants de cette maison, quelques chaises à moitié brûlées, raccommodées avec de grossiers morceaux de bois gisaient par-ci par là.

Deux morceaux d'une belle glace étaient posés l'un à côté de l'autre sur la cheminée.

Un vieux bahut sans porte ornait le fond de cette salle ; et cependant, à en juger par les peintures et les papiers, cette dernière avait dû jouir d'une certaine splendeur.

Dans le jardin, les vignes qui ornaient le mur gisaient au milieu des allées.

La Providence dit aux généraux et aux soldats qui étaient là :

Pourquoi, mes enfants, avoir commis toutes ces déprédations?

Vous voyez dans quel état de misère vous avez réduit cette famille.

Pourquoi aussi avoir détruit tous ces grands arbres, et démoli la plupart des ponts ?

Tout cela, mes enfants, avait coûté des sommes fabu·buleuses, et ne vous a été d'aucun secours ni à l'un, ni à l'autre.

Je ne comprends pas, enfin, puisque vous voulez vous bat're, que vous ne puissiez le faire sans dégrader et détruire les propriétés ; il faut, certes, que tout sentiment humain se soit retiré de vous, pour que vous accomplissiez de pareils actes de vandalisme.

Comment vous, généraux, n'avez-vous pu empêcher, par votre influence, toutes ces iniquités ? Et vous autres, soldats, pourquoi détruire la propriété de vos frères, qui sont des travailleurs comme vous ?

Vous, Allemands, vous avez pillé et brûlé, sous prétexte que vos frères de France vous en ont fait autant, il y a un demi-siècle.

Vous ne vous rappelez donc plus la misère que ces déprédations ont causée à vos parents ; et, en bonne vérité, est-ce que vous auriez dû, à votre tour, vous livrer à des actes aussi coupables !

J'aurais pensé que vous auriez été plus généreux que vos frères d'alors ; car, depuis cette époque, vous annoncez pompeusement que la civilisation a fait un pas immense.

Permettez-moi cependant de vous dire que les mêmes égarements vous ont guidés ce jour comme alors.

Vous auriez cependant dû comprendre, en commettant toutes ces déprédations que, si un jour une revanche est jugée utile par une nation, toutes ces déprédations, dis-je, vous seront rendues avec usure.

Oui, mes enfants, ce n'est point de la sagesse ; mais, je le répète, bien de la démence.

J'incrimine autant, dans ces mauvais procédés, les chefs que les simples soldats ; ces derniers devraient songer à la douleur qu'ils éprouveraient, en rentrant dans leurs foyers, s'ils trouvaient leur humble demeure saccagée et dévastée.

Seriez-vous contents, enfin, de voir votre famille ruinée et couchée sur une poignée de paille, comme les malheureux que nous avons sous les yeux !

Et vous, généraux, seriez-vous aussi satisfaits, en revenant dans vos foyers, d'y trouver vos splendides demeures dévastées et incendiées, et votre famille aux prises avec la plus affreuse des misères !...

Que penseriez-vous de ceux qui auraient commis tous ces désastres ?

Vous vous empresseriez bien vite de prendre une haine instinctive contre eux, et de rêver des vengeances terribles, vengeances, dis-je, qui ne vous rendraient jamais ce que vous auriez perdu.

Hélas ! Pourquoi donc oublie-t-on si souvent cette sublime maxime ;

« Ne fais pas à autrui ce que tu ne voudrais pas que « l'on te fasse. »

Et le premier qui prendra l'initiative de ne pas se venger fera preuve d'un grand et noble caractère ; celui-là rendra le bien pour le mal, et accomplira enfin le plus sublime but de l'humanité, celui de la charité.

Eh bien ! mes filles, vous avez, vous et vos peuples, constamment oublié de vous conformer à ces sublimes lois, qui vous grandiraient tant cependant aux yeux de tous les autres hommes, et à votre propre considération.

Quittons maintenant, mes enfants, cette maison ruinée de fond en comble.

Rendons-nous un peu dans les villes qui ont été assiégées, et qui ne se sont rendues que par nécessité absolue.

* *
*

Entrons dans cette grande cité qui, depuis bientôt deux mois, reçoit une quantité innombrable de projectiles de tous calibres.

Regardez ces incendies qui se déclarent à chaque instant, enfin tontes ces victimes qui se débattent, dans les flammes, et qui se tordent de désespoir et de frayeur !

Regardez encore ces enfants du premier âge à la mamelle, qui ont des figures parcheminées, le sein de leur malheureuse mère étant complétement tari, faute d'alimentation.

Jetez aussi un coup d'œil sur ces adultes, qui n'ont que quelques grammes de mauvais pain et de viande à demi-avariée à manger par jour.

Examinez encore ces hommes qui sont obligés de prendre les armes, pour défendre leur ville, qui meurent de froid et de faim.

Voyez cette mère en couches et ce vieillard qui se meurent, faute d'un peu de bouillon ou d'une tasse de tisane, puisqu'enfin le calorique leur manque pour pour voir le faire.

Regardez aussi tous ces enfants qui demandent à leur père et à leur mère du pain, et ces derniers qui ne peuvent répondre que par des larmes à ces horribles demandes...

Et vous ne vous dites pas, mes filles, que toutes ces misères et calamités deviennent les plus cruels de vos forfaits ?

Hélas ! que diriez-vous donc, si je vous montrais toutes les autres hideuses plaies, que je veux bien avoir la charité de vous épargner !

Vous voyez, mes enfants, que vos victimes font cortége dans les cimetières de ces villes, et que peu de parcelles de terre de ces derniers ne restent à retourner, à l'issue de toutes ces épouvantables hécatombes ! Et vos cœurs ne se soulèvent pas d'horreur, malheureuses que vous êtes à tant de misères ?

Laissez-moi maintenant vous exposer le bien-être dont vous jouiriez, si vous n'aviez pas eu toutes ces calamités.

D'abord toi, France ! tu étais riche, ton peuple était heureux, ne jouissais-tu pas de toutes les félicités qui peuvent être données ici-bas ; tu possédais la considération de tous, et le bien-être physique et moral ; la plupart de tes enfants vivaient dans l'opulence, et les autres jouissaient d'un bien-être confortable, bien-être, dis je, qui se serait accru de beaucoup, depuis que vous avez commencé ces hécatombes.

Aujourd'hui, France ! tes enfants et toi seriez encore bienheureux, tu n'aurais pas augmenté ta dette publique de près de dix à quinze milliards, y compris ce que tu as manqué de gagner, et les abominables déprédations et catastrophes. qui ont fait de ton sol un vaste cimetière ; car enfin, sans cette affreuse guerre, aurais-tu éprouvé la douleur de voir s'entre-déchirer tes enfants les uns et les autres ?

Tu n'aurais pas non plus, ma fille, ces mutilés qui se comptent par milliers, et ces veuves et orphelins qui se comptent presque par centaines de mille.

Tu n'aurais pas non plus, dis-je, la douleur cuisante de te séparer de tes deux chères provinces, qui vont te quitter sous peu de jours...

Et toi, Allemagne ! permets-moi de te dire aussi que cette affreuse guerre t'a apporté de la gloire, elle t'impose aussi de bien grandes obligations ; obligations, dis-je, qui seraient bien au-dessous de tes forces, si tu voulais les remplir fidèlement.

Compte aussi toi tes mutilés, tes veuves et tes orphelins, et la misère que tu as apportée, par cette affreuse guerre, dans ton peuple, misère que tu ne parviendras à cautériser que dans un siècle entier ; et encore à la condition que tu n'aies plus d'autres guerres ni revanches.

Ton peuple tendait aussi, lui, à devenir heureux depuis quelques années, lorsque cette abominable catastrophe l'a bouleversé de fond en comble.

Oh non ! ma chère Allemagne, ce ne seront point, dis-je, les cinq milliards de rançon qui parviendront à cautériser tes plaies ; car ces dernières sont presque aussi nombreuses que les deniers que tu as reçus de la France.

Eh quoi ! ma chère Allemagne, le trop plein de ta population venait demander asile à leurs frères de France ; n'est-il jamais venu à l'idée de ces derniers de leur refuser cette hospitalité?

Une grande partie de ta population vivait, parmi les enfants de ta sœur, aussi cordialement que si elle se fût trouvée au sein de sa propre famille.

La grande fortune de ta sœur te servait donc aussi à toi, puisque la France la partageait entre les siens et les tiens.

Aujourd'hui, ma chère Allemagne, n'en veux donc pas aux enfants de France, si quelques-uns d'entre eux regardent les tiens de mauvais œil ; et cependant Dieu sait si ces derniers sont coupables de cette inimitié... Oh non ! ils ne le sont pas ; toi seule dois assumer cette responsabilité.

* *
*

La Providence s'adresse aux soldats des deux nations
et aux habitants de l'Alsace-Lorraine :

Approchez maintenant, mes enfants : voyons, toi, soldat français, pourquoi as-tu attaqué ton frère d'Allemagne ?

— Ma foi, divine Providence, je n'en sais rien...

Tu lui en voulais donc beaucoup, mon enfant, pour
songer à le détruire ?

— Au contraire, quand je le rencontrai, j'avais toujours du plaisir à lui serrer la main ; il m'est même souvent arrivé de l'inviter à dîner et de partager mon mo-
deste repas avec lui, je dirai même plus d'une fois mon
lit.

LA PROVIDENCE *reprend :*

Et toi, soldat allemand, pourquoi t'es-tu donc rué avec
tant de passion et de frénésie sur ton frère de France,
dans l'intention de le ruiner et de le détruire ?

— Ah ! ma foi, divine Providence, je n'en sais rien
non plus ; on m'a commandé, j'ai obéi, et voilà tout !

Tu avais donc des motifs de haine bien graves contre
lui pour en agir ainsi ?

Oh non ! céleste Providence, je n'en voulais pas à mon
frère de France ; car je l'ai toujours connu comme excel-
lent enfant et bon frère, ayant toujours la main à la
poche pour rendre service; je n'avais donc aucun motif
de lui en vouloir. Chaque fois que je me suis présenté
chez lui, il m'a toujours octroyé une bonne et large
hospitalité...

LA PROVIDENCE *s'adressant aux deux généraux :*

Et vous autres, mes enfants, vous aviez donc des motifs de haine bien graves pour vous armer ainsi les uns contre les autres ?

— Non ! céleste Providence, nous n'en avions aucun ; mais, hélas ! les inflexibles exigences politiques seules nous ont poussés à commettre ces forfaits...

LA PROVIDENCE *à ses enfants* :

Vous venez d'entendre, mes filles, le peu de paroles que vos enfants viennent de prononcer, ces dernières sont la vérité incarnée.

Non ! vos peuples ne s'en veulent pas individuellement ; ils s'aimeraient, au contraire, si vous n'aviez pas vous-mêmes des motifs pour les en empêcher, motifs qui ne sont nullement fondés, et qui ne touchent que vos intérêts et vos ambitions personnels, et non ceux de vos peuples...

La Providence s'adressant aux habitants des deux provinces :

Approchez, maintenant, nobles victimes.

Vous regrettez donc bien cette France, pour tant la pleurer ?

Tous levèrent la voix en même temps, en s'écriant :

O ! céleste Providence, si nous l'aimons ! ! !

Plusieurs de ces malheureux faiblissent, en prononçant ces dernières paroles.

En face d'un désespoir pareil, les Allemands se jettent aux pieds de leur Mère, pour la supplier de laisser ces derniers à leur famille.

La France et ses enfants versent des larmes amères...

* *
*

LA PROVIDENCE :

Dis-moi pourquoi, ma chère fille d'Allemagne, permets-tu aujourd'hui que tes enfants persécutent ainsi les malheureux sujets des deux provinces que tu t'es annexées ?

Eh quoi ! ceux qui n'opteront pas pour ta nationalité, tu as la cruauté de les chasser de leurs anciennes demeures... Tu as la cruauté, dis je, de leur faire abandonner leurs propriétés, leurs intérêts et leurs vieillards ?

Pourquoi donc tous ces abus de pouvoirs inutiles, qui seraient autant de bûchers que tu assumerais sous tes pas, si malheureusement tu venais à dédaigner mes conseils ?

Crois-moi, ma chère fille, renonce à tous ces procédés qui ne peuvent que t'attirer de la haine au lieu de la considération ; c'est encore plutôt dans ton intérêt que je t'en prie, que dans celui de tes pauvres victimes, qui seront, elles, secourues par leurs anciennes sœurs.

Ah ! ma chère enfant, je t'en supplie de nouveau, ne commets point ces atroces abus de pouvoir, ou tu me ferais croire que tu ne penses à vivre qu'au jour le jour ; que peu t'importerait, dans ce cas, le lendemain...

Songe donc, ma fille, je t'en supplie de nouveau, à ta génération ; engage tous tes enfants à tendre loyalement la main à leurs frères de France. Je te le dis, en vérité, c'est le seul moyen que vous ayez tous à prendre, pour anéantir vos calamités présentes et futures !

Songe, mon amie, qu'en agissant ainsi, tu ouvres sous tes pas futurs des gouffres sans fin.

Je t'engage donc instamment à laisser jouir paisiblement les pauvres sujets d'Alsace-Lorraine, quand même ils n'opteraient pas pour ta nationalité, à les laisser jouir, dis-je, des fruits de leurs labeurs et de leurs propriétés en toute sécurité.

Songe qu'en agissant autrement, tu te fermeras les portes de la France, à jamais, pour tous tes enfants !

J'espère que tu seras assez sage et raisonnable, pour changer ta ligne de conduite?...

..... L'Allemagne, touchée de si nobles dévouements d'attachement et de douleurs, répond à la Providence :

Eh bien ! oui... Je le promets de nouveau, que je cesserai toute persécution envers mes nouveaux annexés, quels qu'ils soient, et qu'ils se prononcent oui ou non, en faveur de ma grande famille.

La France s'approche d'elle en ce moment, la serre dans ses bras en la remerciant encore une fois.

*
* *

La Providence les réunit toutes les deux autour d'elle, ainsi que leurs sujets; elle leur dit à tous :

Laissez-moi, mes enfants, vous faire entrevoir le bonheur futur de vos races, à la condition que vous suivrez les conseils que je vais vous donner :

Ne feriez-vous pas mieux, en vérité, mes enfants, au lieu de dépenser vos ressources à créer de tous côtés des forteresses, qui deviennent de vraies hécatombes pour les deux belligérants ; ne feriez-vous pas mieux, dis-je, de laisser ce sol à l'agriculture, au lieu de l'aliéner pour y établir ces monstrueux forts et fortifications, qui ne servent, en définitif, qu'à détruire l'espèce humaine, dont vous avez si grand besoin toutes, malheureuses nations que vous êtes?

Vous devriez comprendre que nous ne vous enverrons jamais un être de plus qu'il ne faut sur la terre, puisque sa part alimentaire lui est assurée avant de naître ; et s'il y en a parmi vous qui souffrent du froid et de la faim, ce ne sont cependant point ni le sol ni ses produits qui leur manquent.

Laissez-moi donc vous dire que j'attribue ces calamités à vos mauvaises administrations en général ; vous ne devriez pas oublier que la seule richesse, d'ici-bas, réside entièrement dans le nombre de vos populations.

C'est donc à vous à les moraliser et à les rendre aussi sages que possible ; car jamais vous n'en aurez de trop, puisqu'une grande partie du globe terrestre reste encore inoccupée et inculte, soit par votre mauvais vouloir ou votre manque d'intelligence, en agglomérant, pour servir vos ambitions, des foules de peuples par-ci par-là, au lieu de vous entendre toutes ensemble, pour les distribuer sagement sur les parties du globe inoccupées, et qui vous offriraient cependant tant de richesses et de ressources de tous genres.

Je regrette de vous dire, mes enfants, que ces calamités ne sont dues qu'à votre manque d'intelligence et d'entente cordiale entre vous toutes.

En effet, une grande partie de vous manque totalement de bras humains ; et il est déplorable, dis-je, que, malgré la pénurie de toutes ces intelligences, vous cherchiez encore tous les moyens possibles pour détruire le peu de populations que vous avez toutes, par le fléau de la guerre, par exemple ! ! !

Ah ! c'est affreux... quand l'on songe que vous avez presque toutes délaissé le plus précieux de vos biens, l'Agriculture, pour aggloméer le peu de populations que vous avez, sur un même point, afin de mieux servir vos ambitions.

Je vais vous faire connaître maintenant, mes filles, l'avantage que vous auriez de vous entendre toutes ensemble :

L'une de vous se trouverait trop surchargée en populations, ce qui est, selon moi, fort rare ; car ce sont toujours les bras qui font défaut, relativement à l'étendue du sol que nous vous avons donné, puisque des richesses incommensurables sont encore enfouies dans ce sol, faute de bras ou d'intelligence pour les en extraire, je dirai aussi faute d'entente et de fraternité de votre part.

Si l'une de vous, dis-je, se trouve, par accident, surchargée de populations; eh bien! vous toutes, nations vivant en bonne intelligence ensemble, dans ce dernier cas celles qui n'en ont pas assez doivent demander des bras à celles qui en ont de trop; car c'est là leur intérêt vital, puisque ces nouveaux bras doivent leur produire la fortune, le bien-être et la civilisation, par le mélange des races.

Ce bienheureux jour là, mes enfants; vous n'aurez plus à redouter dans vos somptueux palais, toutes tant que vous êtes, de revoir passer devant vos yeux les fantômes des horribles destructions du passé.

Je ne vous citerai que les causes des remords de vos jours:

Sébastopol, Solférino, Magenta, les affreuses catastrophes du Mexique, de la Chine, des Etats d'Amérique, de Sadowa.., enfin de Reichshoffen, de Gravelotte, de Sedan, de Paris et de tant d'autres lieux de désespoirs et de misères!!!...

Ce jour-là, dis-je, mes enfants, vous ne verrez plus, apparaître, dans vos somptueux palais, en songe ces fantômes ensanglantés qui doivent, à chaque minute, inquiéter votre sommeil...

Ah oui! Je vous le répète encore une fois, lorsque vous aurez le bonheur d'avoir la paix parmi vous toutes, et que vous ne songerez plus qu'au bonheur de vos peuples; au lieu de penser à leur destruction, à votre propre

ruine et à la leur; ce jour là seulement, dis-je vous ne dormirez que du sommeil du juste.

Laissez-moi encore vous dire à toutes, mes enfants,
qu'il est honteux, pour vos races, que de malheureux
antropophages existent toujours sur votre globe.

Cette horrible plaie est votre crime, et non celui de
ces pauvres innocents, puisque nous vous avons chargé
de les civiliser et de les guider...

*
* *

La Providence s'adressant aux habitants de l'Alsace-
Lorraine :

Quant à vous, mes chers enfants, séchez vos larmes ;
je vous promets, qu'avant peu, vous serez de nouveau
réunis à votre ancienne famille.

La Providence, s'adressant de nouveau à ses deux
filles, leur dit :

Oh! mes chères enfants, promettez-moi de ne plus
vous battre ensemble ni avec vos autres sœurs, et je vous
pardonnerai et bénirai ainsi que vos postérités.

Adieu! ou plutôt au revoir. J'espère vous retrouver
plus heureuses, sages et plus humaines.

A ces conditions nous vous prodiguerons toutes nos
meilleures faveurs.

Les deux nations et les habitants des deux provinces
se jetèrent à genoux, aux pieds de la Providence, en lui
adressant des concerts de louanges, et, en relevant la
tête, ils l'aperçurent s'élevant dans les airs ! ! !...

PARIS. Imp. MOQUET, Rue des Fossés-Saint-Jacques, 11.

EPILOGUE

Laissez-moi vous dire, mes chers lecteurs, que si souvent les gouvernements sont sévères pour leurs peuples, c'est bien un peu de la faute de ces derniers, par les taquineries qu'on leur suscite généralement, soit par la voie de la presse, par paroles, intrigues ou mauvais vouloirs de toutes sortes.

Quant à moi, je compare un souverain, ou tout autre pouvoir, à un chef de famille ; et, en cette qualité, il est bien certain que si les enfants ou les membres de cette dernière agacent ce père, toute la journée, soit par des mauvais propos tenus contre lui ou par des écrits virulents et grossiers à lui adressés, ou encore par désobéissance et autres procédés irrespectueux et mal fondés, il est évident, dis-je, que ce chef de famille s'aigrira contre ses enfants, ou contre cette dernière, de manière à leur faire sentir le poids de son autorité, par des actes de sévérité qui souvent amènent des collisions très-regrettables entre le père, ses enfants et les autres membres de sa parenté.

Eh bien ! pour moi, il en est de même, mes chers lecteurs, des chefs de pouvoirs, qui sont chaque jour assaillis par une foule de critiques, d'intrigues ou de calomnies plus ou moins âpres ; ajoutez aussi, le plus souvent, la désobéissance aux lois et le peu de respect que l'on a, en général, pour ces mêmes chefs, et cela quand même on se serait donné ces pouvoirs volontairement.

Il est évident, dis-je, que les gouvernements étant constamment harcelés, de la part de leurs populations, ces derniers peuvent se décourager à faire le bien, puisqu'ils voient que la plupart du temps on ne leur en sait pas gré ; et je crois fermement que si, en général, les peuples avaient plus de respect pour ceux qui les gouvernent, quels qu'ils soient, ceux-ci deviendraient aussi bien meilleurs pour leurs sujets ; car on ne doit pas oublier que ces pouvoirs doivent avoir un immense intérêt à être bons et justes envers ces populations, et que s'ils en agissent autrement, dis-je, ils peuvent y être souvent poussés par les considérations défavorables que je viens de vous énoncer.

C'est pour cela que je ne saurais trop engager mes chers concitoyens à changer de ligne de conduite envers le gouvernement qu'il plaira à la nation de se donner à l'avenir.

Je crois fermement que nous aurions tout à gagner à user de bons procédés envers ces derniers, nous devrions les traiter enfin comme nos vrais pères, puisqu'en effet la Providence les choisit parmi nous pour remplir ces fonctions sacrées.

Nous ferions bien, je crois, de suivre cette ligne de conduite pendant quelques années, et il est certain que nous nous en trouverions tous très-bien, plutôt que de nous entre-déchirer les uns et les autres, comme nous le faisons en général ; déchirements, dis-je, qui n'ont pour objet que de nous ruiner et de nous anéantir.

Tâchons donc, une fois pour toutes, de faire prévaloir la justice et la raison, dans l'intérêt de notre tranquillité et de notre bien-être.

Je nous le souhaite, mes chers amis, à tous.

FIN.

LES ADIEUX DE LA FRANCE

A SES DEUX FILLES

D'ALSACE-LORRAINE

Par A. PÉRIMON.

— La France, l'Allemagne et les deux victimes devant le tribunal de la Providence !...

— Promesses de l'Allemagne de rendre l'Alsace-Lorraine à la France.

— Les excuses de l'Allemagne à la Providence.

— Conseils de la Providence à la France et à l'Allemagne. — Comparaisons sur les cultes

— Dissertations d'un Lorrain et d'un Alsacien.

— Les indemnités de guerre ou les bilans du vainqueur et du vaincu. — L'emprunt...

— Visite sur les champs de bataille. — Péripéties dramatiques.

— Les tas de fagots.

— Le cavalier saxon ou les deux amis.

— L'ambulance.

— Les prisonniers.

— Les dix mille cadavres ! ! !

— Le fou ou la maison assiégée.

— Le déshonneur d'une famille.

— Le siége d'une ville.

— La Providence interroge les soldats et généraux français et allemands.

— Conseils généreux de la Providence à tous les peuples.

— Les fantômes sanglants du passé !...

— Promesses des deux nations, à la Providence, de ne plus se battre et de devenir amies.

— Bénédiction de la Providence à la France, à l'Allemagne et à leurs peuples...

— Epilogue.

Cette brochure se composera de 80 à 90 pages environ.

PRIX : **1** fr. **50**

SE TROUVE CHEZ L'AUTEUR,

Rue de la Ferronnerie, 35, à Paris.

Et chez tous les Éditeurs et Libraires.

Je soussigné _____

Demeurant _____

Rue _____

Département _____

déclare souscrire à la brochure des ADIEUX DE LA FRANCE A L'ALSACE - LORRAINE , *pour la*

quantité de _____

dont je ferai suivre le montant.

Ce   1872.

* Noms et prénoms.
* En lettres.

NOTA. Sous presse, pour paraître incessamment : *La Régénération de la France et du Globe terrestre.* Grand ouvrage du même auteur.

ERRATA :

Vous lirez page 15, ligne 20 : soumettez. — Page 24, ligne 23 : certainement. — Page 33, ligne 5 : nos. — Page 34, ligne 30 : vos. — Page 70, ligne 16 : la.— Page 76, ligne 15 : jouissaient. — Page 76, ligne 22 : catastrophes. — Page 84, ligne 21 : toutes.

www.ingramcontent.com/pod-product-compliance
Lightning Source LLC
LaVergne TN
LVHW050645090426
835512LV00007B/1043